# ソーシャル・シンキング

Social Thinking

自分で考え、
発言する力を
養う

長谷川 智

# まえがき

なぜ、日本企業は世界から取り残されたのか。

本書は、日本企業の経営者、ビジネスパーソン、日本企業への就職を目指す大学生を主な読者として出版しました。特に日本の経済や企業のあり方に疑問を持ち、自分はこのままでいいのだろうかと考えている40代以上の方が主な対象です。就活生にはこれから進もうとするビジネス界の課題を知り、自分が取り組むべきテーマを探して欲しいと思います。

日本企業はかつて、激しい日米経済摩擦を引き起こすほど強い時期がありました。しかしバブル崩壊後、低迷が続いています。将来に対する不安も高まっています。強かった電機業界は、総崩れの状態です。最後の砦《とりで》と言われた自動車業界も、電気自動車（ＥＶ）への取り組みの後れを長く指摘されています。日本企業に圧倒されていた米国は、経営者の強烈な個性に牽引された「ＧＡＦＡＭ（Google、Amazon、Facebook、Apple、Microsoft）」と呼ばれる企業群が立ち現れ、有力な成長分野と目される生成型の人工知能（ＡＩ）でも圧倒する見通しになっています。

日本企業はなぜここまで弱くなってしまったのでしょうか。企業の競争力だけが重要ではありませんし、個人の幸福は経済的な成功と同一ではありません。しかし、強い企業の存在は、個人の生活に少なからぬ影響を与えます。経済力は国際政治の場で影響力を行使する際の大きな要素です。企業が強いことは、メリットの方がはるかに大きいことは厳然たる事実です。

低迷の理由はいろいろ考えられると思いますが、個別の問題に原因を求めるより、日本全体の問題だと考えざるを得ません。日本社会、日本人が抱える宿痾《しゆくあ》のような何か。画一化した教育の弊害はかねてより指摘され、多くの日本人は「正解は一つ」と信じて、正解を丸暗記する教育に浸ってきました。創造力より記憶力です。優秀とされる人たちは、文句も言わず我慢強く暗記してきましたが、イノベーション不足という行き詰まりが指摘されるようになりました。単に教育の問題というだけではありません。日本全体がそうした教育を推進してきたわけですから、すべては日本の土壌に根差しています。今の経営者世代は、バブル崩壊後のリストラを実行してきた世代です。大胆な投資を考えたり実行したりする経験は少なく、パソコンを打ちながら人減らしや設備減らしに力を入れた人たちです。

一橋大学の野中郁次郎《いくじろう》名誉教授は、日本の低迷について、「オーバー・アナリシス（過剰分析）、オーバー・プランニング（過剰計画）、オーバー・コンプライアンス（過剰規制）がある」と指摘しています。何かやろうとすると、社長や上司が「リスク管理」を名目にあらを探そうとする。あら探しの能力は高いのです。いろいろ検討しているうちに面倒になって無難な計画になり、大した成果をあげない。あるいは面倒になってやめてしまう。大なり小なり、今のビジネスパーソンなら経験したことはないでしょうか。

現状を変えるには、社会をすべて変えるしかない、という結論になりますが、一気にすべて変えることは非現実的です。可能なところから改革し、いずれ臨界点が来て大きく変わるというシナリオを考えるしかないでしょう。具体的にどうすればいいかは、この本の中で手がかりを書いていきますが、ここでは「空間を創れ」と提案したいと思います。日本のビジネスパーソンは「周辺5メートルしか関心がない」とも言われています。目先の業務に追われて、思考の幅が狭くなっているという意味です。だからこそ、「空間を創る」。頭の中に仕事とは別の空間をつくり、別のことを考えることです。多様な知識や教養、文化、思想を取り込むと言ってもいいでしょう。

以上は本書を書く経済面の理由ですが、もう一つの理由があります。「日本人はもっと自分の頭で考える必要がある」という思いです。日本はなぜ戦争をしたのかをずっと考えてきました。理由はいろいろありますが、大きな要因として「日本人は先見性に欠けていないか」と感じます。自分の頭で考えず、何となく周りの雰囲気に同調してしまう傾向が気になります。

安全保障の分野で言えば、集団的自衛権を認める安保法制が２０１５年に施行されました。これ以降、国際紛争に関する日本の立場は大きく変化しています。２０２２年2月にロシアがウクライナに侵攻し、２０２３年10月にはイスラエルとパレスチナの武力衝突が勃発しました。台湾をめぐる有事も語られます。かつてなら専守防衛で距離を置けばよかったのですが、これからはどうなるかわかりません。米国は同盟国の日本により強力な支援を求めるでしょう。日本人はその時に重大な判断を迫られます。心構えはできているでしょうか。皆さんは自分の頭で考え、「私はこう思う」と胸を張って言える意見を持っているでしょうか。

ＡＩが発達し、無人型の武器が開発され、ロボットが戦争をする可能性も語られます。領土や資源やメンツで人間が対立し、ロボットを使って殺し合うという世界は、一体どんな世の中でしょうか。人間はなぜ、話し合いで対立を解決できないのでしょうか。人類とは何かと考えざるを得ません。

個人の国内生活に目を転じれば、「負担と給付」という問題があります。少子高齢化で負担増は必至ですが、政治家はどうしようと考えているのでしょうか。皆さんは自分の頭で「負担と給付」について考え、意見を持っているでしょうか。個人が自分の考えを持ち、対話しながら解決策を見つけなければならない問題は、たくさんあります。日本人、日本のビジネスパーソンは、主権者としての意識、パブリックを形成する心構えをしっかり持つ必要があります。

以上の問題意識から、10のテーマを選び、思うところを書いてみました。序章の「山田洋次監督を生んだ実践知」は、「あなたは地に足をつけて生きていますか」という問いかけです。第1章～第3章は経済低迷に関わるテーマで、厳しい現実と打開策を見ていきます。第4章～第6章の「自然と人間」「東洋と西洋」「東京と地方」は、今を考えるための基本的な教養です。古今東西の知見に関わる内容で、ビジネスパーソンの弱いところです。第7章～第9章の「キャリア形成」「コミュニケーション」「ジェンダー平等」は、今と近未来を生きるための教養です。以上を獲得するには、メディアの力が必要で、これは第10章で解説しました。

全10章を貫く提案は、「脳と仕事場に違う空間を創る」ことです。それぞれが異空間で考え、自分の夢や志を育み、意見や考え方を決め、地に足をつけて生きていくことです。こうした思考を「社会思考」と呼びたいと思います。英語にすれば「ソーシャル・シンキング」です。人材開発やＭＢＡ（経営学修士）の世界には、物事を論理的に分析して思考する「ロジカル・シンキング」や、前提や構造も疑う「クリティカル・シンキング」という言葉があります。それぞれ重要な思考法ですが、歴史や倫理、自然や土着といった要素を欠いているように感じます。「近代経済学」は合理的な人間像を想定しましたが、人間はそれほど単純ではありません。偏見や感情、直感や独特の心理を持っているのが現実の人間で、そうした人間を想定して「行動経済学」が生まれました。社会思考＝ソーシャル・シンキングは、思考の世界における行動経済学のような存在でしょうか。

会社の異空間は、10年後、20年後を考えて空想し、必要な手を打つことです。異質な発想が社内に湧き出るように生まれ、わいわい、がやがやとした雰囲気で社員の個性が開花していきます。最近は「心理的安全性」という言葉がキーワードになっています。言いたいことを遠慮なく言える環境という意味で、Googleの経験分析で重要性が提唱されました。大切なことだと思います。どの企業にとっても最後に頼りになるのは社員という人間であり、その人間が抱く夢や志《こころざし》、それを実現しようという熱意ではないでしょうか。そうした思いがあれば、経営に必要な知識やノウハウは自ずとついてくるでしょう。今の日本で経営者がわくわくするような夢を掲げ、社員も自律して夢の実現に向かって働いている企業はどれだけあるでしょうか。今の日本企業は、経営の知識やノウハウばかり優先され、それ以前の夢や志を軽視しているように見えます。会社にも単純な合理性を超えた、社会思考やソーシャル・シンキングが必要でしょう。理想論のように聞こえるかもしれませんが、日本企業は過去の経験を超えたダイナミックな動きがない限り、新たな浮揚はできません。社会思考＝ソーシャル・シンキングが、豊かで平和な日本、多民族が共存する世界につながるはずです。

本書は、これまでの自分の経験を踏まえ、可能な限り体系化してみました。私は1980年に朝日新聞社に入社し、経済部や『アエラ』の記者やデスク・副編集長、東京本社経済部長、名古屋本社編集局長などの管理職を務めてきました。

東京本社編集局長補佐時代の2009年、「ドラえもん」をキャラクターとして紙面で使えることになり、編集局長から「使い方を考えて欲しい」と指示を受けました。新聞離れが進んでいたので、親子で会話が弾む企画にしたいと思いました。1面に質問を載せ、答えを日替わりでその他の面に掲載し、親子で探してもらう方式を発案しました。相談したのは、販売局の幹部一人だけでした。記者職で同期入社した旧知の人で、販売局の意向は踏まえておきたいと考えたからです。

編集局内でチームをつくって議論する選択もありましたが、編集局長に自分の考えを伝えると、「それでいこう」と賢明にも即決してもらえました。それが2010年元旦から始まった「しつもん！ドラえもん」です。今も続いています。やや作業が面倒なので、編集局内のチームで議論していたら、恐らく実現しなかったでしょう。自慢話ではなく、強調したいのは、「オーバー・プランニング＝過剰計画」がないことによる成功です。新聞の部数は減り続けていますが、記者の個性をもっと生かした記事を増やせば、未来は開けてくるでしょう。新聞社に限らず日本企業は、「オーバー・アナリシス、オーバー・プランニング、オーバー・コンプライアンス」からの脱却こそが必要だと感じます。

最後は郷里の浜松支局員兼掛川支局長となり、一記者として地方の実態に触れ、地方から見た中央という視点を養いました。２０２２年12月に65歳で定年退職し、その後は「長谷川キャリア文章塾」を開講し、セミナーや研修の講師・講演、作文塾、コラム執筆などをしています。

２０２３年4月にはライフシフト大学に入学し、学び直しの機会を得ました。理事長の徳岡晃一郎氏は多摩大学大学院名誉教授を務め、先述した野中名誉教授と「イノベーターシップ」という概念を創造しました。未来を構想し、現実を変えていこうという概念で、講義を受けていて、わくわくする気分でした。ライフシフト大学では一般教養を含めて多くの知見を得ました。

本書は、そうした長い記者経験とライフシフト大学での知見によって完成しました。一人でも多くの方に読んでいただき、日本企業とそこに勤める人が少しでもヒントを得て、多少なりとも成長につなげていただければ、大変うれしく思います。

# 推薦文

著者の長谷川智さんは２０２３年4月、ライフシフト大学に8期生として入学しました。新聞記者時代から日本の企業やビジネスパーソンに対するいろいろな思いがあったようですが、私が一橋大学の野中郁次郎名誉教授と提唱し、今回講義をした「イノベーターシップ」という考え方に大いに触発されたようです。

この考え方は、「熱い思いと実践知をベースに『ありたい未来』に向けてイノベーションを起こそうと挑戦を続けるリーダーシップ」と定義しています。日本のビジネスパーソンは「周辺５メートルしか関心がない」「夜は酒浸り」と指摘されています。「ＶＵＣＡ〈Volatility〈変動性〉、Uncertainty〈不確実性〉、Complexity〈複雑性〉、Ambiguity〈曖昧性〉〉」と呼ばれる今の時代でイノベーションを起こすには、広い視野と深い教養で人間らしさの根源である「真善美」や「共通善」を見つめることが欠かせません。人生１００年時代にライフシフトをするためには、一生学び続けて自分らしい生き方を追求する「終身知創」も重要です。

本書は、日本企業の停滞やイノベーターシップだけでなく、企業倫理、自然と人間、東洋と西洋、中央と地方、ジェンダー平等など、大変幅広い領域を取り上げています。長谷川さんのこれまでの記者経験も踏まえて、多くの題材が提供され、考えるきっかけがたくさんあります。

ライフシフト大学の科目で、受講生が担当講師と1対1で対話する「コーチング」があります。本書は、長谷川さんのコーチング役だった佐藤勝彦副学長が「今、考えていることを本にしたらどうか」とアドバイスをして実現しました。長谷川さんは定年退職後に文章塾を始めたそうですが、そのライフシフトの充実につながればと思います。そして何より、本書を読んだビジネスパーソンが視野を広げ、イノベーションや日本企業の活性化につながればと願っています。

2024年1月

多摩大学大学院名誉教授、ライフシフト大学理事長　徳岡晃一郎

自分で考え、発言する力を養う **ソーシャル・シンキング** 目次

# 第1章

# 日本の凋落
## ――自覚力を磨く

第2章

# イノベーターシップの確立

## ——自由力を尊ぶ

## 第3章 企業倫理の再構築 ——規範力を取り戻す

第4章

# 自然と人間
## ――限界力を認める

## 第5章

# 東洋と西洋——構想力を鍛える

## 第6章 東京と地方——洞察力を意識する

# 第7章 キャリア形成——自律力で生きる

## 第9章　ジェンダー平等——想像力を働かす

# 第10章 メディア活用——教養力を上げる

アートディレクション：奥村靫正（TSTJ Inc.）
デザイン：真崎琴実（TSTJ Inc.）
本文デザイン：印牧真和

# 序章

# 山田洋次監督を生んだ実践知

映画監督の山田洋次氏と言えば、渥美清さん主演の映画『男はつらいよ』シリーズで有名です。最初は１９６８年に全26話のテレビシリーズとして始まりました。最終回は、主人公の「フーテンの寅」こと車寅次郎がハブにかまれて死んでしまいます。ところが視聴者から抗議が殺到し、山田監督は映画化を思いつきます。翌１９６９年８月、映画第一作を公開します。故郷は、東京の葛飾・柴又。寅さんが約20年ぶりに故郷に戻ってきたところから始まります。

倍賞千恵子さん演じる妹のさくら、おいちゃん、おばちゃんら団子屋の人々、近所の印刷会社やお寺の人たちが毎回登場します。そこにほぼ毎回違う、美しい女性の「マドンナ」がからみます。演じるのはその当時の有名女優です。舞台は柴又と日本各地の往復風。映画で撮られた日本の自然も美しく、ＮＨＫの名番組『新日本紀行』を彷彿《ほうふつ》とさせ、今となれば後世に残すべき歴史的アーカイブとも言えるでしょう。一定世代以上の日本人なら誰でも見た映画であり、多くのファンがいるのではないでしょうか。

映画は１９８３年に「一人の俳優が演じたもっとも長い映画シリーズ」としてギネスブックに認定されました。その後、１９９５年まで全48作品が放映されました。終わった理由は渥美さんの病気で、まさにライフワークとなったわけです。「寅さん」がこれほどまでに人気が出たのはどうしてでしょうか。

地に足のついた人たちが登場し、人間の喜怒哀楽という生身の感情を素直に表現していたからだと私は思います。人間は賢くもあり、愚かでもあります。高貴でもあり、欲深でもあります。立派な面もあり、醜い面もあります。喜び、怒り、哀しみ、楽しみます。豊かな感情が、日本古来の風景や空気の中で、ユーモアを持って展開していきます。映画ですから誇張や大げさな演出はありますが、底流にあるのは、現実的な感覚、リアリズムです。脈々と流れるそうした普遍性と、その時代ならではの特殊性が二重写しとなり、日本の一時代を見事に切り取って表現していると言えるでしょう。

## おでん屋のおばちゃんの一言

山田監督は自らの人生に大きな影響を与えた出来事として、次のような話を披露しています。幼少期、父が南満州鉄道のエンジニアだったため、中国の満州で暮らしていました。終戦時は大連《だいれん》にいて、1947年3月、やっとの思いで福岡・博多港に引き揚げてきました。親戚を頼って山口県宇部市で暮らし始めますが、父は定職に就けず、山田さんは工場の片付けや行商をして学費を稼いでいました。そんな時、一人のおでん屋のおばさんと出会います。2023年2月に、NHKで放映され、ホームページにも掲載されています。少し長くなりますが、引用します。

中学のときか、海岸の工場でちくわを仕入れて、安物のちくわだけども、サメの肉でつくったアンモニア臭いようなちくわを仕入れて、それでも街のお店に行って「買ってくれませんか」って言うと、買ってくれたんだよね。つまり、卸して歩くわけさ、それを。そんなことでも商売になったんだけども。あるとき、たくさん余っちゃってね。困ったなと思って、これを持って帰ったって大損になっちゃうなと思ってたら、ふと思いついて。

西宇部っていう駅が昔あったのね。あの近くに競馬場があったんだよ。そこに屋台の店がいっぱいあって、おでんなんかを売ってるわけだ。そこに行けば買ってくれるんじゃないかなという、そういう情報を僕は得てたからね。よし、そこまで行こうと思って、自転車をこいで行って、一軒の屋台のおでん屋さんに入って。中年のおばさんでしたよね。「おばさん、ちくわを、僕安くしておきますから、買ってくれませんか」って言ったら、彼女が僕を見て、僕もまだ幼い顔をしてたんでしょう。「あんた、中学生かい？」って言うから、「はい、そうです」って。「どうして働いてんだ？」「いや、引き揚げ者で、おやじが収入がないもんですから、学費を稼ぐために働いてます」って。

「あ、そう。みんな置いていきなさい」って言うのね。「みんな置いていいんですか」「いいよ、いいよ」って。「明日から、もしあんた売れ残ったら、いつでもおいで。おばさんが引き取ってあげるよ」

そう言ってくれたんだよ。「ありがとうございます」って言って。帰り、自転車で僕は涙がぽろぽろ出てきたね。何て言うかな。そのときのそのおばさんの温かい行為っていうのは、いまだにまざまざと覚えてるんだよ。

そういうもんだね、人間の記憶っていうのは。僕はそういうところから逃れようがないっていうかな、そういうところでものづくりをしてるっていうところがある。だから、それが僕にとっての限界か、っていうこともある。だけど、しょうがない。限界でもしょうがないだろう。それが僕なんだからね。そういうふうに自分で言って聞かせてるわけなんです。だけど、僕にとってはほんとに「マドンナ」のようなもんだね。

顔は覚えてない、残念ながら。顔なんか見る暇もなかったんだろうけど。本当に僕にとっては、美しい、美しいおばさんとしてイメージに残ってるよね。おばさんにとっちゃ大したことじゃなかったのかもしれないけども、僕の生涯にわたるような、生涯貫くようなもの、こう、それは何だろうね、思いを僕にくれたっていうかな。そういうことっていうのは、結局、僕が貧しく、引き揚げ者として貧しく暮らしてたから得られたもんだし、それはいい悪いをこえて、僕自身の歴史なんだよね、それね。

同じ月、朝日新聞「be」のインタビューで同様の逸話を披露しているので、一部を引用してみます。

僕は今でもそのときのことを思い出すと目頭が熱くなる。幸せとはそういう瞬間のことじゃないかと思う。荷が軽くなった自転車をこぎながら涙が出て仕方がなかった。よし明日からは売れ残っても心配ないんだ、ということより、おばさんの思いやりのうれしさ。おばさんは軽い気持ちで言ったのかもしれないその言葉は少年の僕にみずみずしい勇気、生きる希望すら与えてくれたような気がしたものです。その後二度とその店に行くことはなかったけど、僕にとってあのおばさんは女神のような存在です。

監督になってからずっと思い続けているのは、あのおばさん、競馬場の屋台店で働いていたあのおばさんが見て「訳がわからないよ」というような映画は決して作りたくないということです。

## 実践知から生まれるたくましい感性

この逸話と日本経済や社会思考がどう関係するのでしょうか。事実関係として、おでん屋のおばさんが言った「明日から、もしあんた売れ残ったら、いつでもおいで。おばさんが引き取ってあげるよ」という言葉が山田さんに深い感動を与えました。山田さんは、おばさんが見てもわかるような映画をつくりたいとずっと思っていました。そして、『男はつらいよ』を48作品もつくったのです。

2点指摘したいと思います。おばさんはあまり深く考えず、何気なく言っただけかもしれません。たとえそうであっても、「この子は学校に行くためにちくわを売っている。だったらできる範囲で、少し助けてやろうか。おでんでちくわを使うし、ちょうどいい。ちくわをたくさん出せばいいだけだ」と瞬時に考えたことは間違いないでしょう。これは長く生きてきた経験から得た、おばさんなりの知恵であったはずです。言語化されていない「暗黙知」と言えるでしょうし、戦前から戦後に培《つちか》った「実践知」と言ってもいいでしょう。こうした知恵は、頭だけで覚えた知識よりはるかに重要ではないでしょうか。こうした知恵をもっと活用すべきではないかということが、指摘したい1点目です。

もう1点は、おばさんの一言を山田監督が受け止め、頭と体で大きな何かを創造したことです。誰でも記憶に残る出来事はありますが、それをどう受け止め、将来にどう生かしていくかは、個々人のセンスや能力、努力に関わってきます。おばさんの一言がどこまで「男はつらいよ」に直結しているかは判定のしようもありませんが、「おでん屋のおばさんが山田監督を創造した」と言うこともできるでしょう。山田監督は先の朝日新聞の記事の中で「生活する、いかに生きるかという課題、このリアリズムから抜け出せないのは僕の特徴でもあり、限界でもある」と語っています。厳しい終戦直後という時代の違いはありますが、高度経済成長期以降を生きてきた今の日本のビジネスパーソンは、こうした感性が弱くなっていないでしょうか。生きるとはどういうことか、必死になるとはどういうことか。経済・経営の世界では不可欠な視点ではないでしょうか。指摘したい2点目はこのことです。

## 理解する過程が奴隷から救う

『暇と退屈の倫理学』(國分功一郎著、2021年、新潮社)という文庫本があります。哲学専攻の東京大学大学院教授が、暇と退屈という身近なことについて、西洋哲学を駆使して読み解く内容です。「2022年、東大・京大で1番読まれた本」という帯が付いています。哲学者のスピノザ(1632~77)が真理や理解について、どう考えたかを次のように書いています。

私たちは何かを理解することがある。そのとき、もちろんその対象のことを理解したわけである。たとえば、数学の公式の説明を受けてそのような感覚を得たのなら、その公式を理解できたわけである。

しかし、それだけではない。人は何かが分かったとき、自分にとって分かるとはどういうことかを理解する。「これが分かるということなのか」という実感を得る。

人はそれぞれ物事を理解する順序や速度が違う。同じことを同じように説明しても、だれしも同じことを同じように理解できるわけではない。だから人は、さまざまなものを理解していくために、自分なりの理解の仕方を見つけていかなければならない。

どうやってそれを見つけていけばよいか？　特別な作業は必要ではない。実際に何かを理解する経験を繰り返すことで、人は次第に自分の性質や本性を発見していくのである。

おばさんの「ちくわを引き取ってあげるよ」という発言は、様々な何かを理解する経験を繰り返すことで出てきたのではないでしょうか。山田監督も引き揚げという経験と将来への不安から、言葉の重さを感じたのでしょう。もう少し引用します。

---

大切なのは理解する過程である。そうした過程が人に、理解する術を、ひいては生きる

術を獲得させるのだ。

逆に、こうした過程の重要性を無視したとき、人は与えられた情報の単なる奴隷になってしまう。こうしなければならないからこうするということになってしまう。たとえば、数学の公式の内容や背景を理解せず、これに数値をあてはめればいいとだけ思っていたら、その人は公式の奴隷である。そうなると、「分かった!」という感覚をいつまでも獲得できない。したがって、理解する術も、生きる術も得られない。ただ言われたことを言われたようにすることしかできなくなってしまう。


オーバー・アナリシス(過剰分析)、オーバー・プランニング(過剰計画)、オーバー・コンプライアンス(過剰規制)は、日本企業が陥っている「わな」です。分析も計画も規制も、それぞれ適切であるなら重要です。しかし、知らず知らずのうちに過剰になってしまいます。自分の頭で考えることを放棄し、「こうしなければならないからこうする」という公式の奴隷になっていないと断言できるでしょうか。

序章で山田監督の逸話を取り上げたのは、次のような問いかけをしたかったからです。

大切なことは地位や肩書といった「形」ではなく、地に足をつけて生きているかどうか。借り物の自分ではなく、本物の自分らしさを大切にしているかどうか。その重要性をあなたは理解できるかどうか。それぞれ、いかがでしょうか。

企業経営もビジネスパーソンとしての毎日も、山田監督とおでん屋のおばさんの会話のように、それまでの人生経験に裏打ちされた、納得した本音のぶつかりあいが必要です。そんな思いで各章を書いていきます。

# 第1章

## 日本の凋落

### ——自覚力を磨く

日本経済の停滞が叫ばれて久しくなっています。バブル崩壊後、グローバル経済化が進んでいますが、他国と比較した日本の各種経済指標は、低下の一途をたどっています。かつては名実ともに経済大国と言ってよかったのですが、そうした強い経済の姿は影を潜めています。しかも問題は、国民にその自覚が乏しいことです。いろいろな経済データは、先進国ではなく中進国と言った方がいいような状態です。2023年5月、G7広島サミットが開かれましたが、国民からは「サミットの一員だ。まだまだ先進国で、現状でもいいじゃないか」という声が聞こえてきそうでした。もちろん、高度経済成長時代のように家庭や地域を犠牲にしてまで成長すべきだと言うつもりはありません。無理を重ねれば、いずれひずみが生じます。しかし、エネルギー資源に乏しい日本という国は、経済力が衰えれば世界での存在感が低下し、様々な不利益を被りかねません。それは我々の生活に影響します。戦後、平和国家を標榜《ひょうぼう》してきたことは、一定の信頼と尊敬を受けてきましたが、そうした影響力も落ちてしまうでしょう。まずは現状を冷徹に真正面から見つめる自覚力を求めたいと思います。自覚は気づきであり、変革の第一歩です。

## 世界で沈む日本の名目ＧＤＰ

各種の経済データを点検しましょう（２０２３年10月現在。資料は『GLOBAL NOTE』）。経済の力を端的に示すのが、名目国内総生産（ＧＤＰ）でしょう。国際通貨基金（ＩＭＦ）統計によると、１９９０年、日本の名目ＧＤＰは、３・１９兆ドルでした（※小数点第３位以下切り捨て）。Ｇ７の中で、１位は米国の５・９６兆ドルなので、日本は米国の半分強にあたる53％の経済規模でした。３位のドイツは１・５９兆ドルでほぼ日本の半分。フランス、イギリス、イタリアが１・２兆ドル前後で並び、カナダがその半分の０・６兆ドル弱でした。米国の半分が日本、日本の半分がドイツ、後れて欧州３カ国が並び、カナダが３カ国の半分というわかりやすい構図でした。経済規模は人口も大きく影響するので、ほぼ人口に応じた面もあります。

２０２２年はどうでしょうか。Ｇ７の１位はやはり米国で、25・４６兆ドルに達しています。１９９０年の４・２倍に成長したことになります。日本は２位を維持していますが、４・２３兆ドルにとどまっています。１９９０年のわずか１・３倍で、30％伸びたに過ぎません。３位は同じくドイツですが、４・０８兆ドルで日本に迫り、２０２３年には日本を抜いてＧ７で２位になる見通しです。１９９０年比で２・５倍にもなっています。東西ドイツの統一というハンディを抱えながら、どんどん伸びています。以下、イギリス３・０８兆ドル、フランス２・７８兆ドルと続き、カナダが２・１３兆ドルでイタリアを抜きました。カ

名目GDP（IMF統計）［単位:百万US$］

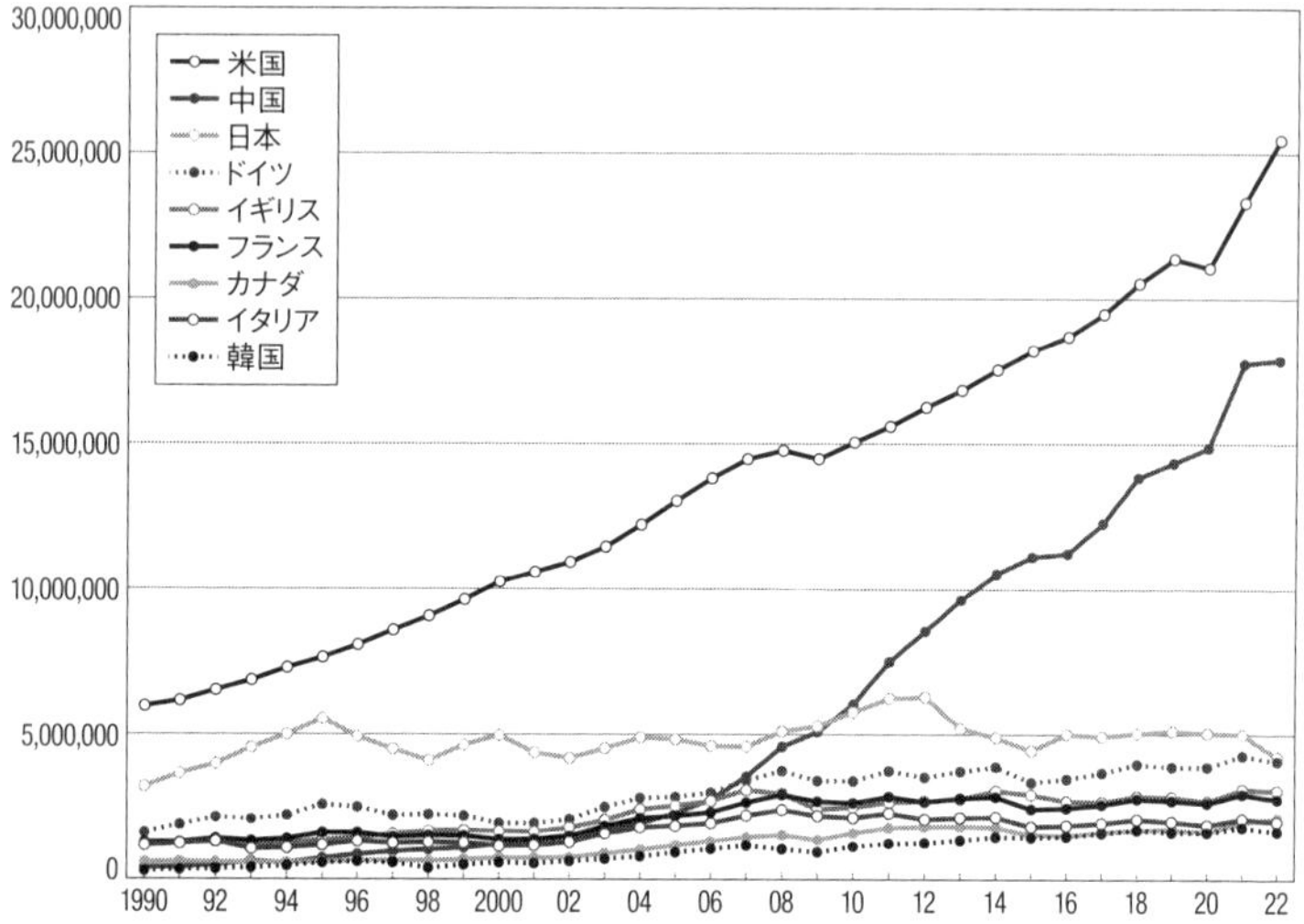


ナダは１９９０年比３・６倍も伸びたことになります。

Ｇ７以外も含めて考えてみます。１９９０年、中国は０・３９兆ドルで、日本の８分の１でしかありませんでした。世界の工場となって成長率がどんどん伸び、２０１０年に日本を抜き、米国に次いで２位に躍進しました。２０２２年は17・８兆ドルで、なんと日本の４・２倍にもなり、いずれ米国を抜くという観測も取りざたされていました。韓国は１９９０年に０・２８兆ドルで、日本の１割以下でした。しかし、２０２２年には１・６７兆ドルになり、日本の４割に迫っています。自動車にたとえれば、日本が時速20～30キロでゆっくり走っている

1人当たり名目GDP（IMF統計）[単位:US$]

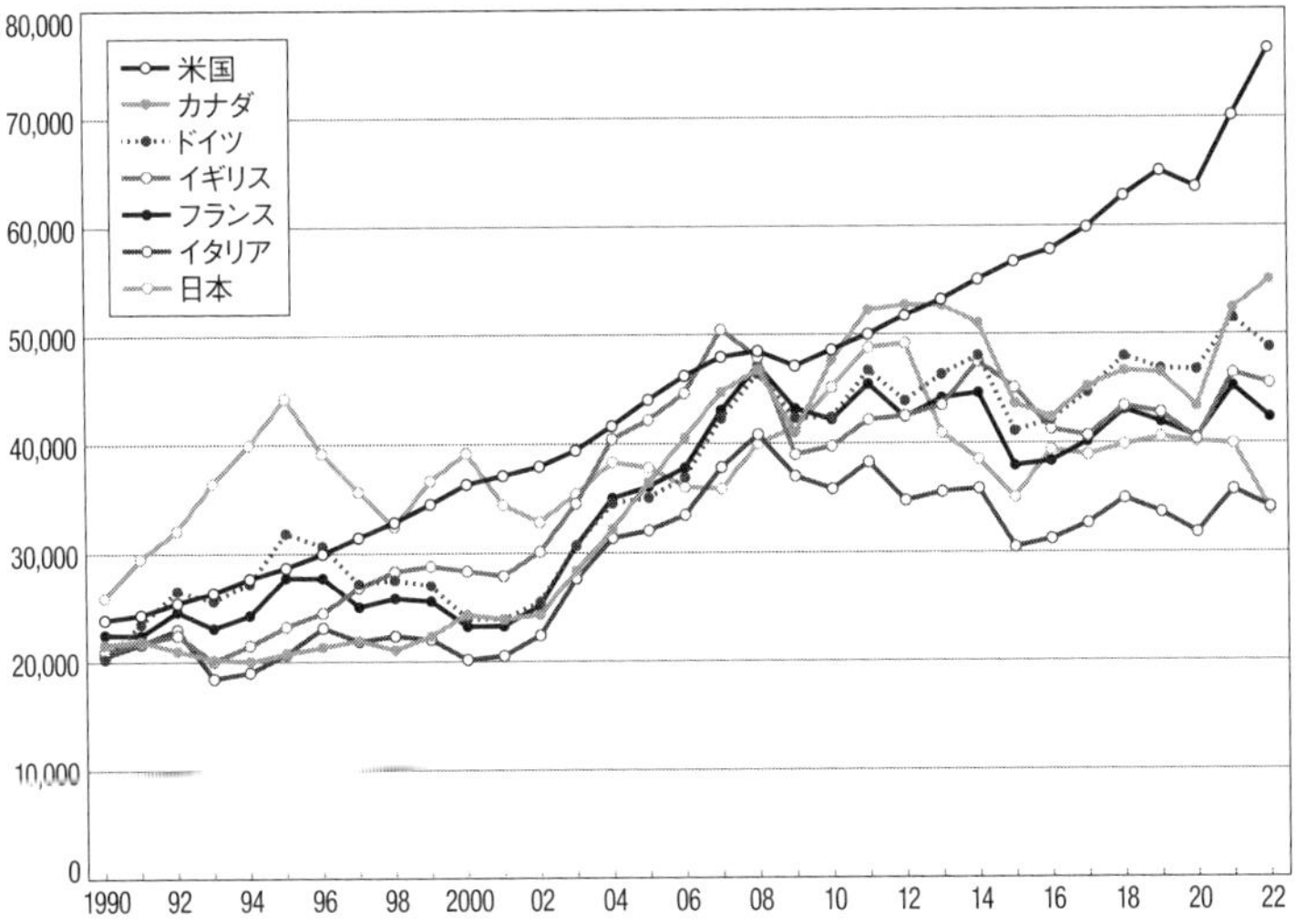


間に、中国は１００キロで飛ばしてあっさり追い抜きました。50～60キロで順調に走っているドイツや韓国には差をどんどん詰められてきている構図です。

## 国民一人当たり名目ＧＤＰも急落

これを国民一人当たり名目ＧＤＰ（ＩＭＦ統計）で見ると、さらにはっきりします。一人ひとりの豊かさを示す指標ですが、日本に住んでいると、１９９０年に比べて極端に生活水準が下がったと感じている人は多くないかもしれません。非正規雇用で生活に苦しむ人は増えましたが、正規雇用のままなら極端な困窮は

**1人当たり名目GDP（IMF統計）**［単位:US$］

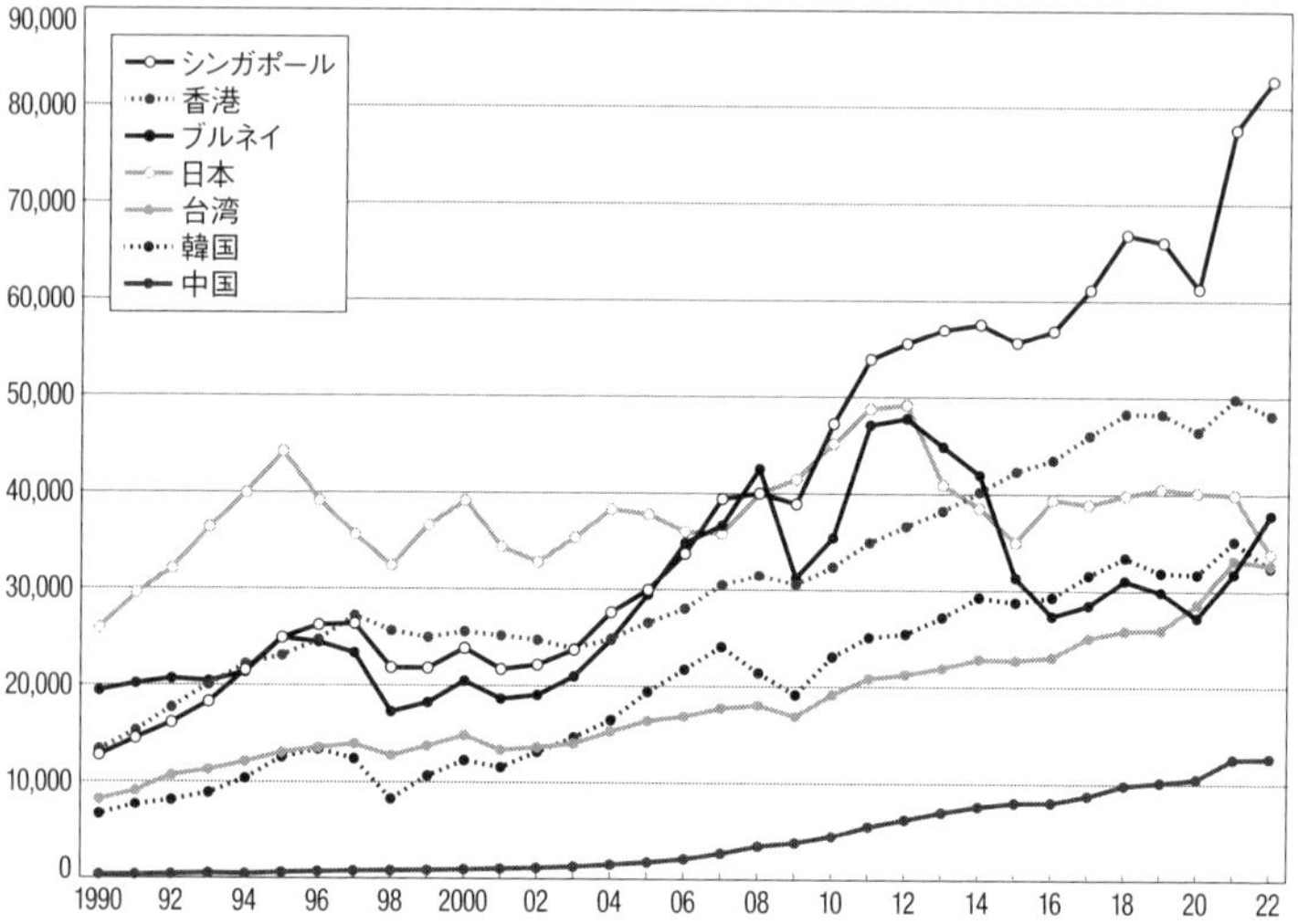


進んでいないでしょう。周囲を見ても同じような状況なら、危機感は薄いとも言えます。

日本の一人当たり名目GDPは1990年、2・58万ドルで何とG7でトップでした（※小数点第3位以下切り捨て）。2位の米国は2・38万ドル、その他5カ国は2・2〜2・0万ドルでした。当時、G7の国民は統計上、同程度の生活水準だったと言えます。ところが2022年（一部推計値含む）になると、状況は激変します。1位は米国の7・63万ドルで、1990年比3・2倍に増えました。以下、2位カナダ5・50万ドル、3位ドイツ4・87万ドル、4位イギリス4・52万ドル、5位

**平均年収（名目ベース・為替レート換算）**［単位:US$］

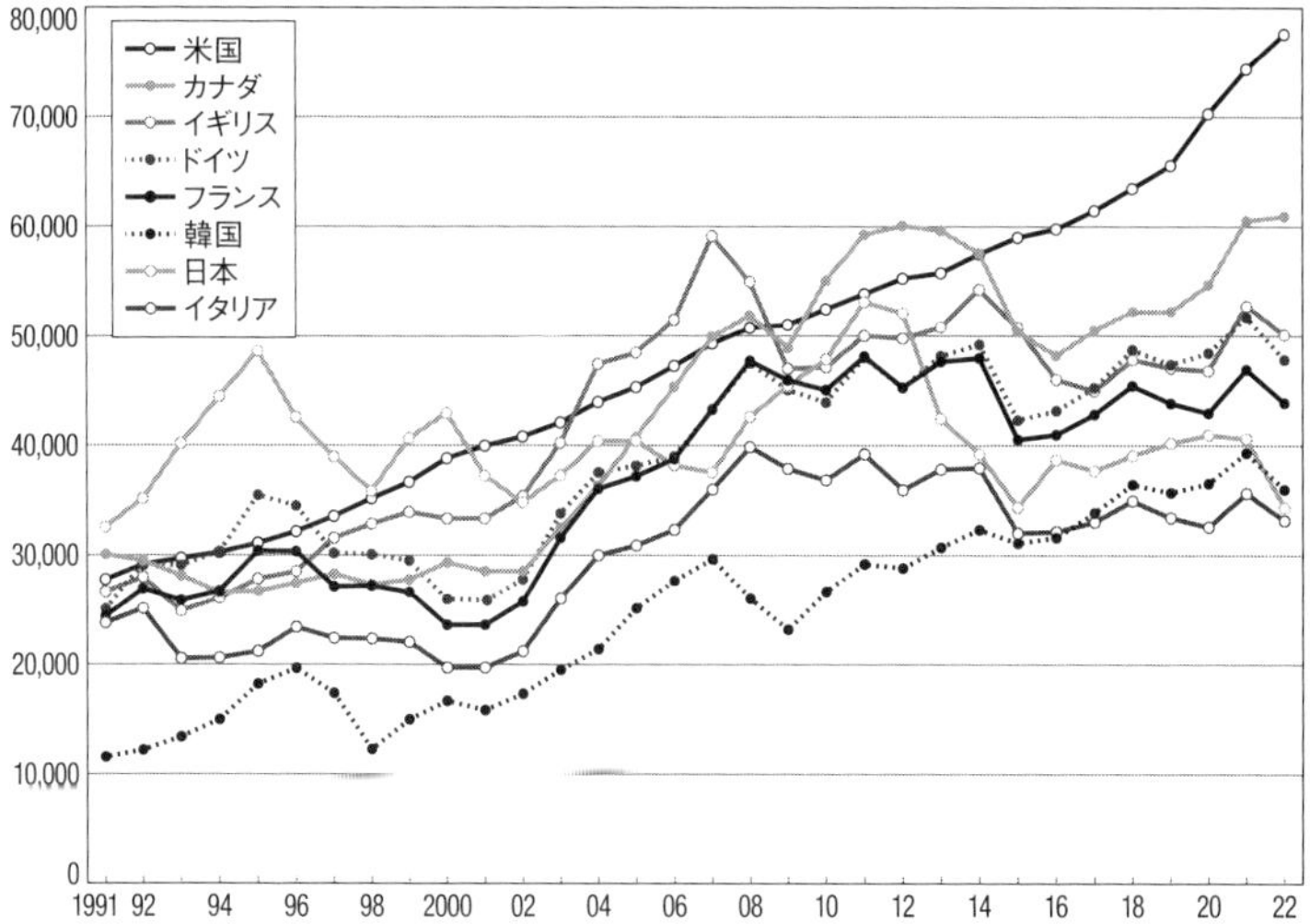


フランス４・２３万ドル、６位イタリア３・４０万ドルで、日本は最下位の３・３８万ドルなのです。この30年余りで各国に追い越されてしまいました。２０１０年頃までは各国が拮抗《きっこう》していましたが、その後日本はずるずると後退しているのです。

アジア各国と比べてみましょう。中国は１９９０年にわずか０・０３万ドルでしたが、２０２２年は１・２６万ドルへと40倍ほど躍進しました。日本と比べると、１・３％から37％にまでなりました。韓国はそれぞれ、０・６６万ドルが３・２４万ドルになりました。日本とほぼ変わらない水準です。台湾もほぼ同水準です。さらに高い国や地域も少なくありません。シンガポールは１９９０年の１・２７万ドルが２０２２年は８・２８万ドルへと６・５倍以上になり、日本をはるかに追い越しています。このほか２０２２年では、香港４・８１万ドル、ブルネイ３・７８万ドルが日本の上にいます。

もう少し見てみましょう。ズバリ平均年収（名目、為替レート換算、ＯＥＣＤ）です。１９９１年、日本は３・２５万ドルでＧ７トップ、米国は２・７７万ドルでした。しかし２０２２年、日本は３・４３万ドルで６位。下にいるのはイタリアのみです。米国はトップの７・７４万ドルで３倍近く増えた計算です。日本はこの間、１・０５倍ほどしか増えていません。カナダ、イギリス、ドイツは５万ドル台で、２倍程度増えています。アジアでみれば、韓国が１・０３万ドルから３・６０万ドルへと飛躍的に増え、日本を抜きました。

## 露呈するリストラ経営者の力量不足

ＩＭＦエコノミストなどを経て東京都立大学経済経営学部教授を務める宮本弘暁《ひろあき》氏は、『51のデータが明かす日本経済の構造』（２０２２年、ＰＨＰ新書）で、「この30年で平均所得は１００万円減少した。国民が平等に貧しくなる未熟な資本主義だ」と日本経済を厳しく総点検しています。

２０２２年2月のロシアによるウクライナ侵攻以降、世界的に物価上昇が進みました。特に日本はエネルギー価格の上昇を受け、電気代などが上がり、円安も加速して輸入品の価格高騰に見舞われました。一方で賃金は世界で一人負けの状況になっており、生活は苦しくなるばかりです。賃金停滞の要因は、生産性の低迷と見ており、企業行動が積極姿勢を欠き、守りの経営に入って企業が人や資本に投資しなくなったからだと分析します。また、年功序列、終身雇用の日本的雇用慣行によって労働市場が硬直化し、経済の新陳代謝が低くなっていることも深く関係していると見ています。企業経営の責任は、当然のことながら経営者にあります。宮本教授は次のように書いています。

**「日本企業が保守的で消極的な行動をとるようになった要因に、経営者のあり方や質があると考えられます。企業経営者の本来の役割は、リスクをとって新しいことにチャレンジし、企業を成長させ、収益を上げ、従業員に賃金を支払い、株主に収益を還元することです」**

**「大企業で、経営者が保身化しているように見受けられます。積極的な経営を行い、果敢に投資を進めた際に、失敗して責任問題になることを恐れ、経費削減やリストラなどで数字を安定させ、評価を得ようとするようになっていると言えます」**

多くの経営者は真面目に取り組んでいるでしょう。ＤＸ（デジタル・トランスフォーメーション）やＡＩに代表される技術、消費者の価値観の変化は速く、事業や収益の構造をどう改革したらいいか、日々考えていることでしょう。人的資本経営や環境経営、健康経営が叫ばれ、税や会計の制度も時代にあわせて変わり、複雑化したマネジメントへの対応にも苦心しているでしょう。上場企業なら、株主や機関投資家の要求も無視できません。そうであっても、日本企業の低迷は厳然たる事実であり、リスクを取った積極果敢な投資が見られないことも認めざるを得ない現実です。

## 政治家に尻を叩かれる情けない官製春闘

日本の経営者の特徴というか、情けなさを示す例に「官製春闘」があります。安倍晋三首相時代の2013年、首相官邸の要請で政府、経済界、労働界の代表が集まった「経済の好循環に向けた政労使会議」が開かれました。翌年の春闘から、政府が賃上げを求める異例の春闘になりました。安倍首相は自ら掲げる「アベノミクス」の成果を発信するのに熱心でした。民主党政権時代との経済指標の差を恣《し》意《い》的にピックアップしてことさら強調し、ひたすら選挙に有利になるように動いてきました。こうした姿勢が、日本経済の低迷を正面から受け止めることを避け、見たい現実だけを見て、今のような苦境を招いたとも言えます。その罪は小さくありませんが、官製春闘には世論の一定の支持があったことも事実です。

賃金決定は民間企業が自己責任で判断すべき重要な経営課題です。しかし、日本の経営者は積極的に動きません。政治の力で賃上げをさせるのは禁じ手に違いありませんが、賃上げしてもらえるなら何でもいいという気分が国民にありました。安倍首相は熱心に働きかけましたが、賃上げ幅は大きくありませんでした。その結果、世界各国とは差が広がっていきました。

どうして日本企業の経営者は賃上げに消極的なのでしょうか。今の社長世代は、リストラを熱心に進めてきた世代です。バブル崩壊後、不良債権問題もあってデフレ経済に陥ります。手っ取り早く利益をあげるのが経費削減、特に人件費は自社内だけでできますから、どの企業も熱心に取り組みました。「リストラクチャリング」の意味は「再構築」ですから、費用削減といった合理化の一方で、再び事業を構築していく作業もあるはずです。しかし、実際は単なる合理化でした。とにかく人件費を減らせばいいというわけです。今の社長の中には、現場でリストラの原案をつくったり、実務を担ったりした人は多いはずです。リストラに携わっていなくても、デフレ経済の中で昇進した人ですから、事業を多少荒い手法で拡大するより、何事も手堅くまとめてきた人が多いでしょう。全員がそうというわけではありませんが、総じて歴史の長い大企業では、「小器用、小利口」なタイプが多く昇進したのは事実でしょう。

2023年の春闘は、ウクライナ紛争後の物価高も深刻な問題となり、岸田文雄首相も官製春闘の旗を振りました。経済産業省が人的資本経営を掲げ、人への投資を促していることも追い風となっていました。衝撃を与えたのが、1月にユニクロのファーストリテイリングが国内の人件費を15％上げると発表したことでした。「賃金をグローバル水準にする狙いで、春闘は関係ない」という立場でしたが、約8400人を対象に年収を数パーセントから最大40％まで引き上げ、新入社員の初任給を25・5万円から30万円に引き上げるという驚きの賃上げ策でした。

柳井正代表取締役会長兼社長は小さな家業を引き継いだ事実上の創業者で、「強大な権限を持つ剛腕経営者」ならではと言えますが、もっと早くできなかったのかという気もします。いずれにしてもユニクロが大きな流れをつくり、大企業は30年ぶりの賃上げ幅になりました。中小企業でも賃上げする企業が増えました。賃上げ自体は歓迎すべきことですが、政府に言われないと賃上げしない、横並びでないと賃上げしない経営者の姿勢もはっきりしました。「民間のプライドはないのか」「その他の投資をもっとすべきだ」と言いたくなります。

## 経済界内部でも高まる嘆き節

経営者や幹部社員に対する嘆きは、経済界や関係者の間でも高まっています。エステーは、除湿剤や防虫剤、芳香剤メーカーでユニークな商品を世に出してきました。社長や会長を務めた鈴木喬《たかし》氏は一橋大学を卒業して日本生命保険に入り、父と兄が設立したエステー化学（当時）に出向。経営が苦境に陥った1998年に社長に就任し、多くのヒット商品を生んできました。最近のコンプライアンスやガバナンス重視の傾向を嘆いて、雑誌インタビューで次のように述べています（『日経ビジネス』、2022年7月1日号）。

**「最近は、規則に縛られた『ガバナンス官僚』が職場で幅を利かせる会社が増えているような気がします。事業のブレーキ役ばかりが増え、アクセルを踏む社員が減ってしまった印象です。やんちゃ坊主のように、好き勝手に振る舞う社員をもう少し容認してもいいのではないでしょうか」「管理者であれば安全運転でもよいでしょう。しかし経営者は事業家です。事業を行う以上、理屈で考えても判断できない重大な選択を迫られることがあります。尻込みして決断から逃げているようでは結果を出せません」**

また、エステーの社長に就いて以降、起死回生策として年間約60種類あった新商品を一つに絞り込んで賭けに出たことを紹介しています。

**「リスクが大きく、理詰めでは決して下せない決断です。社内からも大反対に遭いましたが、自分の勘を信じ、度胸を発揮して実行に移しました。幸いなことに、ふたを開けてみれば大ヒット。『運は実力のうち』と言いますが、『運こそ実力』なのではないでしょうか」**

鈴木氏の成功は当然、運だけではないでしょう。理詰めでは下せない決断をしたことで、想像していなかった状況が生まれ、さらに果敢に取り組むことで次の状況を呼び込んだと考えていいでしょう。リスクがチャンスを呼んだとも言えます。リスク、リスクと言って尻込みしていては、何も生まれません。

## 大企業システムの崩壊

日本経済の低迷の多くの部分は、大企業の停滞でもあります。規模は大きくても、かってのように輝いていません。世界をリードする価値ある製品もサービスもほとんどありません。長い時代で培った販売先や販売ルートといった「商権」を基盤に何とか既存の事業を維持し、一部改善しながら業績を保っているようにしか見えません。イノベーションが求められ、自社だけでは難しいとして、外部のベンチャー企業と連携する「オープンイノベーション」が脚光を浴びています。成功すれば将来に希望を持てますが、実態は大企業側の事情でうまくいっていません。

カルロス・ゴーン氏の下で日産自動車の復活に携わってきた志賀俊之氏は、官民ファンドの産業革新機構（ＩＮＣＪ）の会長を務めています。日本の大企業から新事業を創出する投資ファンドに転じたわけですが、かって自分が所属した大企業の評価は辛辣《しんらつ》です。「スタートアップの成長を阻むのは大企業エコシステム」として、スタートアップがうまくいかない理由ついて、次のように語っています（『日経ビジネス』、２０２３年3月20日）。

**「最も大きな問題は大企業の根底にある自前主義の意識ではないでしょうか。もう一つは大企業がスタートアップと伴走できないことです。スタートアップを紹介しても、『品質が今ひとつだ』とか『歩留まりが低い』とかで『やっぱり使えない』ということになってしまいます。本当に悲しくなることが多いですよ。スタートアップを育てるという意識がすごく低いと思います」**

大企業社員はイノベーションの経験に乏しく、その過程の喜怒哀楽も知りません。しかし、他人の欠点を探す能力だけには長《た》けています。しかも、それをいいことだと思っています。大企業には似たような社員が多いからでしょう。過去の商権を維持してほどほどにやっていれば、まだ利益は出るので、安住していると言われても仕方ないでしょう。

志賀氏によると、スタートアップ企業に投資しようとすると、大企業は「1戦1勝」を求めるので、経営会議で「大丈夫か」という声が出てしまいます。イノベーションの世界で「1戦1勝」はあり得ませんが、「投資したらお前の責任だぞ」と言われます。スタートアップ企業は、大企業の部長と名刺交換し、執行役員、専務、社長らへとプレゼンの舞台のレベルが上がっていきますが、突然切られることもあります。志賀さんは「日本企業の閉鎖的なスタンスには残念な気持ちになります。スタートアップを排除するのではなく、コラボするエコシステムを構築して欲しいと思っています」と話しています。

## 蔓延するマクナマラの誤謬

「マクナマラの誤謬《ごびゅう》」という言葉は、1961年から1968年までアメリカの国防長官としてベトナム戦争の指揮をとったロバート・マクナマラ氏（1916～2009）にちなんでつけられました。定量的な観測、すなわち数字にばかりこだわり、大局的な視点を欠くことを意味します。アメリカの社会学者ダニエル・ヤンケロビッチ氏が造語しました。ベトナム戦争をめぐるアメリカ政府の内幕は、ピューリッツァー賞を受賞したニューヨーク・タイムズ記者のディヴィット・ハルバースタム氏が書いた『ベスト&ブライテスト』（1976

年、サイマル出版会）に詳しく描かれています。ケネディ政権とフォード政権を担った「最も聡明な人たち」がベトナム戦争の泥沼に陥っていく様子が、生々しくわかります。

マクナマラ氏は、若い頃から秀才の誉れ高く、カリフォルニア大学バークレー校で経済学を専攻し、ハーバード大学ビジネススクールでMBAを取得しました。第二次世界大戦では若手将校として統計学を用いて戦況を徹底的に分析し、日本に対して最新鋭のB29による空爆を主張しました。

戦後は幹部候補生として自動車会社のフォードに入り、1960年には社長に就任しました。その後、ケネディ大統領に懇請されて国防長官になり、ベトナム戦争の継続を主張するフォード大統領にも仕えました。マクナマラが国防長官として重視したのは、ベトナム人の死者数でした。死者を増やせば勝利は保証されるとして、死者の増加と死者数の把握を最優先にしました。その結果、空爆や民間人の殺戮《さつりく》も激しくなりました。数値化できるものしか重視せず、ゲリラ戦術で徹底的に抵抗するベトナム人の愛国心やアメリカ人の反戦感情は考慮できませんでした。戦況の不利も感じていましたが、公表するのは都合のいい数字ばかりで、国民には正確な実態が知らされませんでした。

NHKの『映像の世紀　バタフライエフェクト』は2023年5月に、「ベトナム戦争マクナマラの誤謬」を特集しました。最後は、国交回復後の1995年、マクナマラ氏がべトナムを訪問し、ヴォー・グエン・ザップ元北ベトナム総司令官と会う場面でした。マクナマラ氏にはどうしても聞きたいことがあり、「あれほどの犠牲者を出したのになぜ平和交渉に応じなかったのか」と質問しました。ザップは「必要であれば100年でも戦うつもりでした。我々にとって自由と独立ほど尊いものはないからです」と答えました。その後、ナレーションは「マクナマラが納得することはなかった。分析の天才は最後までベトナムを理解しないままこの世を去った」と続けています。

マクナマラ氏は恐らく、序章で書いた「山田洋次監督を生んだ実践知」という文章も理解できないのではないでしょうか。数値化できない人間の気持ちや感情、情念がどれほど人や世界を動かすことができるのか。物事を数字や理屈でしか理解できない秀才がたまにいます。日本の大企業にもMBA取得者が増えてきましたが、そうした人が増えていないでしょうか。MBAで学ぶ経営戦略やマーケティング、会計などの実務科目は経営にとって重要です。しかし、それですべてを分析できると意識的にでも無意識的にでも思い込んだ場合、どうなるでしょうか。「いやいや、そうならないように注意している」という答えが返ってきそうですが、同質な人間が集まれば、同質化はますます進みます。こうした現象は数値化できないので、なかなか気がつきません。日本経済低迷の底流に「マクナマラの誤謬」のような気配を感じるのです。

## 意欲の低い日本のビジネスパーソン

気になる調査結果があります。パーソル総合研究所が２０２２年11月に発表した「グローバル就業実態・成長意識調査」です。アジア、北米、欧州計18カ国・地域のビジネスパーソンについて、働く意識を調査したものです。

「管理職になりたい」人の割合は、平均で58・6％、最高はインドの90・5％でしたが、最低は日本の19・8％です。中国は78・8％、アメリカは54・5％、欧州は６割前後に達しています。日本に次いで低いオーストラリアでも38・0％なので、日本の低さが際立っています。

「会社で出世したい」人の割合は、平均で71・4％でしたが、最高はここでもインドの89・7％でした。日本は最低の28・2％です。中国は78・5％、アメリカは74・0％、欧州は７割前後です。オーストラリアでも62・０％に達しています。

管理職や出世を目指すことが必ずしも素晴らしいとは思いません。日本のビジネスパーソンの価値観は多様化していますし、「素直に出世と答えたくない」という思いが表れているのかもしれません。管理職のポストが減っているので、それにあわせた意識とも言えます。

しかし、他国に比べて極端に低いという現実は忘れてはならないでしょう。「社外の学習と自己啓発」についても聞いています。「特に何も行っていない」と答えた人の割合は、日本人が52・6％で圧倒的に多い結果でした。2番目に少ないのは、オーストラリアの28・6％で、アジア各国はほとんどが2割以下でよく学んでいます。年代で見ると、日本人の20〜30代で何もしていない人は4割前後ですが、50代以上になると6割に達します。日本のビジネスパーソンは、働く意欲が低く、学ぶことも少ない人たちなのです。これでは未来に希望を持つことは難しいと言うしかないでしょう。

マッキンゼーや早稲田大学大学院教授などを経て人事院総裁を務める川本裕子氏は、『日経ビジネス』（2023年4月17日号）のコラム「賢人の警鐘」で、同じような意見を述べています。日本財団が2019年に発表した9カ国の17〜19歳を対象にした調査（「第20回―社会や国に対する意識調査―」）では、日本の若者は「夢を持っている」「国に解決したい社会課題がある」「自分で国や社会を変えられると思う」人の割合が他国に比べて、かなり低いことがわかりました。特に最後の質問では、アメリカ人の65・7％、イギリス人の50・7％が自分で変えられると思っているのに、日本人は18・3％しかいませんでした。無力感が漂っているのです。

**「夢がない、社会課題も感じない、国や社会を変えられないという『三ない』の結果を見る**

**と、一層心配になるのは私だけだろうか。日本国民のエネルギーのレベルが今後も減衰していくとしたら困ったことだ」「原因は様々だろう。教育面では知識獲得に偏重し、課題発見力や自己表現力の養成には手が回りにくい。失業率が低く、犯罪が少ない社会は評価できるが、前進するエネルギーがなければ社会の持続性に懸念が生じる」**

川本氏は人事院総裁として、官僚の働きやすさや活性化に取り組んでいます。人への投資や少子化対策を進めても、国民のエネルギーをどう高めるかという問題意識が必要ではないかと書いています。デフレ経済という低温経済が長く続きましたが、日本のビジネスパーソンが低エネルギーの低温人材になっているとしたら、将来は暗くなります。「生涯学習」や「学び直し」「リスキリング」が叫ばれていますが、他国に比べてほとんど学んでいません。政府のリスキリング政策が整って、これから学ぶのかもしれませんが、お上《かみ》に言われてやっと腰をあげるのでは寂しくないでしょうか。

## 自覚力の向上と空間づくりが第一歩

日本人はまず以上のような現状を自覚する必要があります。見たくない現実をしっかり見なくてはいけません。少子高齢化の重荷ものしかかります。少子化は予想を上回る速度で進んでおり、消滅自治体がいずれ相次ぎ、年金などの社会保障が維持できるかも不安が募ります。

近代経済学者で東京大学や青山学院大学で教授を務めた小宮隆太郎氏は、彼のゼミから多くの学者や経営者、官僚らが巣立ったことで知られます。２０２２年に93歳で亡くなりましたが、２００８年12月に掲載された日本経済新聞『私の履歴書』の最終回で次のように書いています。

**「日本の成長と繁栄は日本人全体で約３１０万人といわれる第二次世界大戦での犠牲の上に成り立っていると私はしみじみ思う」「日本の出生率はこの10年で大きく低下したが、人口減少への危機意識は高まっていない。過疎は深刻化し、国の財政も悪化している。優れた学者や大志を抱く若者たちは、外国の大学に『頭脳流出』するだろう。私はこのような『亡国の兆し』を放置してはならないと思う」「中長期的な視野で『亡国の兆し』に対処して国民が奮起しなければ、日本の将来に明るい展望を描くことはできない」**

残念ながら、亡国は「兆し」の段階を超えて、さらに次の段階に進んでいるように見えます。

嘆いているだけでは始まりません。日本経済の凋落《ちょうらく》は、強かった製造業の衰退が大きな理由です。日本は敗戦後、経済活動を国内に限定せざるを得ませんでしたが、勤勉な国民性に支えられて製造業が世界を席巻しました。サービス業はほぼ一貫して内需中心でした。

しかし、元気な産業もあります。アニメは世界で存在感を発揮しています。物語の設定や登場人物のバリエーションが豊かで、子どもから大人まで楽しめ、映像や音楽が繊細で上質です。制作スタッフの規模が海外に比べて小さいので、監督の個性が反映され、低コストという特徴もあります。スタジオジブリ作品が世界的な名声を確立し、既成観念からの解放や新たな夢を追う成功物語は人気を呼んでいます。日本人らしい個性と勤勉さは将来を考えるキーワードでしょう。

ゲーム産業も健闘しています。ソニーグループと任天堂を二強に世界で競争しています。国内市場は3兆円程度ですが、世界市場は24兆円程度と言われて、ゲーム人口の増加が予想されています。新商品がヒットすれば、売り上げは急増します。製造業でも、電子・産業部品や化学・素材などで競争力や知的財産力を持った大手・中堅企業はあります。一般の知名度は低くても、グローバルな技術力を持った実力企業もあり、これらは日本企業の反転攻勢の足場になる可能性があります。

スポーツの世界でも活躍しています。大リーグの大谷翔平選手は投手と打者の二刀流で世界を驚愕させました。多くの記録には「ベーブルース以来」という修飾語がつきます。イチロー選手の巧打・強肩・俊足は、新しい個性を世界に見せつけました。２０２３年3月のワールド・ベースボール・クラッシック（ＷＢＣ）では、日本が優勝し、大きな感動を呼びました。選手の活躍も印象的でしたが、栗山英樹監督のリーダーシップは、日本の将来性を感じさせる采配でした。北海道日本ハムファイターズへの入団を勧誘する際、大谷選手の二刀流を認めたことは有名ですが、ＷＢＣでも個人の個性や自主性を重視し、やる気を引き出す環境づくりに専念しました。これは一つのリスクですが、選手が持っている熱意や志に懸けたと言えるでしょう。

サッカー日本代表は、２０２２年11～12月にカタールで開かれたワールドカップで、優勝経験のあるドイツとスペインを破り、ベスト16に進出しました。森保一監督のリーダーシップも栗山監督同様、選手に寄り添うものでした。サンフレッチェ広島の監督時代、心の病を発症した元五輪代表の選手から相談を受けた森保監督は、「何かあればいつでも言って。24時間、扉は開いているから」と言いました。朝のランニングにも数十回付き合い、「いつもしんどい」と言われると、「しんどいと思っている自分を好きになってみたら」と答え、選手は気持ちが楽になったそうです。ここまで誠実に忍耐強くはなかなかできません。

日本人の勤勉さ、基本的な真面目さや穏やかさは、長い歴史で形成されたので、それほど変わっていないと見ていいでしょう。ここ30年余りは、経済の面でこうした強さが日の目を見なかったと言えないでしょうか。今、日本は全体的に沈みつつあるので、企業風土や教育、思考方法などすべて変える必要があります。ただ、途方もないことであり、一気に変わる特効薬はないでしょう。

そこで提唱したいのが、現実を真正面から自覚する力です。そのためには、頭や生活、企業の中に、格闘する目の前の現実とは違う別の空間をつくることです。

「壺中《こちゅう》天あり」という言葉があります。中国の『後漢書《ごかんじょ》』にあることわざで、壺の中に飛び込んで酒を飲み俗世間を忘れるという意味ですが、心の中に別世界や別天地を持つ楽しさを言います。

日本人は真面目で、意味のない分析を重ね、わかりもしない将来の計画を緻密にしようと悩み、法令の精神より細かい規定を守ろうと汲々としていないでしょうか。職場をわいわい、がやがやとした雰囲気に、仕事をわくわく感のあるものに変えなければなりません。頭や職場に異空間を創って日本を新しい時代にふさわしく、再起動させよう。そのためにまず自覚力を磨こうというのが、本章のメッセージです。

# 第2章

# イノベーターシップの確立

## ――自由力を尊ぶ

## わくわくするイノベーターシップ

「イノベーターシップ」は、野中郁次郎一橋大学名誉教授と徳岡晃一郎多摩大学大学院名誉教授の議論から生まれた概念で、造語です。徳岡氏は、60歳でライフシフト社を設立し、人生100年時代の生き方を考えるライフシフト大学を開校しました。会社の社長、大学の理事長です。大学と言っても5カ月の社会人学び直しコースですが、私はそこに通って多くの知見を得ました。徳岡氏の「イノベーターシップ」の講義は大変魅力的で、これまでの自分の気持ちが言語化・体系化され、わくわくする気持ちが湧いてきました。

以下に、講義で得た知見を紹介します。

イノベーターシップを理解するにあたり、「マネジメント」や「リーダーシップ」と対比するとわかりやすくなります。

マネジメントという言葉は、企業経営でよく使われます。適切に組織を運営し、戦略を着実に実行していく力で、管理やガバナンスが強調されます。具体的には、いろいろな実行計画の策定、予算の立案と管理、組織づくりと管理、人員の確保、問題解決、成果を出すなどの役割が求められます。所定の目標を達成することが重要で、ヒト・モノ・カネ・情報の関係を適切に管理し、数値や結果だけを追わず、組織内外の調整を図り、全体最適と顧客利益の視点を忘れないことが重要になります。企業経営の基礎であり、マネジメント力なくして企業は成り立ちません。

しかし、魂のないマネジメントは形骸《けいがい》化します。目標達成がすべてに優先する至上命題になり、上司の指示が目先の短期的な行動に絞られ、現場社員の視野は周辺半径5メートルほどと狭くなります。組織は部分最適に陥り、自分の庭先だけきれいにしようとします。手段であるはずのコンプライアンスが目的化し、面倒なことはしなくなります。経営陣はリスクを取らず、中間管理職は上司の意向ばかりを気にし、若手は疲弊していきます。MBAで学んだ科目を形式的に応用しようとし、顧客の気持ちや現場の空気からどんどん遠くなります。東京なら新橋や神田の大衆酒場で聞かれるビジネスパーソンの愚痴は、ほとんどこれらに関係したものではないでしょうか。

一方、リーダーシップは、マネジメントより創造的な概念と言えます。変化する時代に機敏に対応し、成長路線を維持していくリーダーの力量です。ビジョンの設定、情報の共有、モチベーションの育成、一体感の醸成、価値観の伝達、創造の場づくり、自らのコミットメントなどが重要になります。リーダーには、進むべき方向のわからない状況で、ぶれないビジョンや戦略を示し、針路を判断する勇気が求められます。またリーダーは、ビジョンに基づく中長期的な視点を持ち、人々を動機付け、困難な解決にチームで取り組む司令塔でもあります。想像力やマネジメント力に加え、人間力も求められます。アメリカのゼネラル・エレクトリック（GE）を率いたジャック・ウェルチ氏、日産自動車の業績をV字回復させて立て直した初期のカルロス・ゴーン氏、写真フイルム企業からの脱皮に成功した富士フイルムの古森重隆氏らをあげることができます。

対して、イノベーターシップは、より社会的な視点を加えた概念です。「世界を変えよう」「いい社会を創ろう」という熱い思いで現実を転換し、未来の社会を創出する力です。具体的には、未来構想、実践から学ぶ知恵、困難やしがらみを突破する力、複数の専門性と広い教養、人々をつなぐ共創、ビジネスモデルのイノベーションの実現などが必要になります。世界のためのビジョンを描き、そこに向かって地道な作業をいとわず、試行錯誤から学びながら知を創造し、事を成すことになります。リーダーシップを発揮しながら適切なチームをつくり、人々を鼓舞し育てていくのです。アップル創業者のスティーブ・ジョブズ氏（1955～2011）に代表されるGAFAMの創業者、テスラやスペースXを立ち上げて電気自動車や宇宙開発に挑むイーロン・マスク氏らが代表でしょう。

3つを比べてみて、どうでしょうか。マネジメントの重要性はわかりますが、細かいばかりで何となくおもしろくないイメージがあります。リーダーシップにおもしろさはありますが、基本はビジネスの世界に限られた物語です。これに対しイノベーターシップは、よりよい社会を創ろうという大志に満ちていないでしょうか。わくわく感の源でしょう。

大きなことを達成できれば一番いいのですが、当然のことながら、誰もがスティーブ・ジョブズになれるわけではありません。ＧＡＦＡＭを上回るような日本企業が誕生すれば、大変うれしいことですが、簡単ではありません。そうでなくてもいいのです。都会の一隅や地方の片隅で、その人なりの夢と志を持って社会の役に立つ何かをすることはできます。これも立派なイノベーターシップです。成果を実感できない細かな経営の実務や用語の世界で生きるより、はるかに人間的で有意義なことではないでしょうか。

## イノベーターシップ５つの力

イノベーターシップは、リストラ時代に一時流行した成果主義への対抗概念でもあります。成果主義は、人事管理にあたって一定期間の目標達成度で成果を評価し、賃金や昇進に反映させようという考え方です。業績を向上させるため、勤続年数や年齢、学歴や経験などにかかわらず、会社への貢献度を評価するもので、結果や実力を重視する考え方です。いい面もありますが、どんな制度も魂が入っていないと形骸化します。成果主義が広まると、個人が自分の成果に走る動きが生まれます。チームワークは軽視され、やる気をなくす人も出ます。公平な評価をしようとすれば、評価基準がどんどん細かくなり、社員の視野は狭くなり、事務の負担が増えます。

成果主義の代名詞は、「MBO」（目標管理＝Management By Objectives）ですが、野中教授と徳岡氏らは、「MBB」という言葉を対置しました。「Management By Belief」で、「思いのマネジメント」という意味です。仕事の楽しさとは何だろうか、ビジネスパーソンとして働く人は何をやりたいのか、人間の本質とは何か、といった問いかけへの答えを求めるのが「MBB」です。目標に踊らされるのではなく、自分の思いや信念をしっかり持って、仕事を主体的にデザインしようという考えです。会社から与えられる目標であっても、上司と相談し、主体的にやり抜こうという思いを込めた人事制度でもあるのです。イノベーターシップは、MBBに社会的な視点を加え、マネジメント、リーダーシップを超える第三の力として立ち現れたのです。

徳岡氏は、イノベーターシップに関わる5つの力をあげています。

第一は「未来構想力」です。「既存の事業や社会の前提に縛られず、自らが主体的にそうありたいと願う世の中を構想する力」と定義されます。弱気で暗い未来ではなく明るい未来を描く想像力、目の前の顧客ではなく社会課題をビジネスチャンスに変えるセンス、単年度主義ではなく大きなトレンドを見据える時代認識が必要になります。

社会の枠組みについて、新型コロナウイルス前と後で比べれば、大量生産から脱炭素、業績極大化から持続可能な成長、民主化から分断の克服、所有からシェアリング、万人受けから職人、中央集権から自律分散、密集からリモート、都市集中から地方分散、対面・通勤からオンライン・テレワークといった流れになるでしょう。

さらに時代認識を見れば、短期的成果から中長期的成果、自己利益から共通善、株主至上主義からステークホルダー重視、消費者ニーズから地球ニーズ、人類主体から生物多様性、有形資産から無形資産（人的資本）、ルール追随からルールづくり、大企業からスタートアップ・ＮＰＯ、結果の平等から機会の平等、安心社会から信頼社会、物質的・量的成長から精神的・質的成長、使い捨て経済から循環型経済という流れになります。

これらを自分のものにするには、未来を意識したアンテナを立てる必要があります。人口減少社会なら、無人化、自動化、ロボット化、キャッシュレスなどのキーワードが浮かびます。高齢化社会ならスロー化、ハンディキャップ対応、高齢者雇用など。デジタル化社会ならＡＩ、ChatGPT、ＩoＴ、ビッグデータなど。新しいグローバル社会なら経済安全保障、地政学、米中対立などの言葉がカギになるでしょう。アンテナを張りめぐらすことで未来を構想します。

## 実践知と突破力

第二は「実践知」です。「思考錯誤や挑戦にリスクを取って踏み出し、経験や失敗から学び、次の挑戦に向かう学びの力」と定義できます。無知ではなく豊富な体験からくる知恵、官僚的ではなく形にとらわれない柔軟性、表層ではなく問題を感じ取る洞察力が大切になります。とにかく挑戦して知恵を蓄えることです。イノベーションはよりよい未来や世界を描いて実現することであり、未来志向の実践知です。

「万学の祖」といわれるアリストテレス（紀元前384〜前332）は、実践知の考え方を「プラクティカル・ウィズダム」として提唱しています。具体的な言葉として、ほどよいバランス、ルールやインセンティブにとらわれない、絶妙の判断力、現実の肌感覚を大事に、共感を得られるか、倫理・共通善・持続可能性、杓子《しゃくし》定規ではなく賢くルールから逸脱、自分を信じ心の声を聴く、自分の信念、自分らしいリーダーシップ（オーセンティック・リーダーシップ）などをあげることができます。第1章で取り上げたプロ野球の栗山英樹監督やサッカーの森保一監督は、オーセンティック・リーダーシップの好例と言えるでしょう。

「マインドセット」と呼ばれる考え方も重要です。未来に無関心なら、過去にこだわり硬直化します。未来を見据えれば、成長マインドセットとなります。両者を比べれば、才能を固定的と考えるか、高められると思うか。変われないと考えるか、よりよくなると思うか。失敗を恐れるか、恐れないか。難しい目標を避けるか、挑戦するか。他人の評価を気にするか、自分の成長を気にするか。フィードバックを怖がるか、積極的に求めるか。学ぶことは面倒か、楽しいか。こんな比較ができます。

第三は「突破力」です。「高い目標に立ちはだかる障害をあの手この手で突破するアイデアと勇気」です。中途半端な構えでは、既存の社会や仕組みは変わりません。忖度《そんたく》するよりしがらみの打破、安住するよりリスクテイク、自分の保身より顧客のためといった気合が必要です。

「しがらみ」は、「組織や集団において、成員の思考や行動を縛り、存続意義や企業価値に照らして合理的な判断を阻害する制度や慣行、常識、文化として内部に定着しているもの」と定義できます。先輩たちが決めた過去の慣習、古臭い常識やよくわからないルール、部門の壁を超えると領空侵犯として扱う心理、海外や他社の成功例から学ばない風土、上司にまず話さないとコラボできない空気などは、すべてしがらみでしょう。ふだんから自分の価値観を磨き、常識を疑ってデータで真偽を判断し、知らないことを率直に聞いて議論で成果を紡ぎ出し、自分の慣れ親しんだ世界から目線を上げて客観的に見つめる、といった態度が必要になります。

## パイ型ベースと場づくり力

第四は「パイ型ベース」です。パイは「π」という字を書きますが、左側の縦棒は自分の専門、所属する業界、日本など自分の領域です。右側の縦棒は、異なる専門、他業界、海外など自分以外の領域です。上の横棒は、世界史、哲学、宗教といった教養で、未来を見るツールになります。単にビジネス競争上のスキルだけではなく、変化の激しい「VUCA」と呼ばれる時代に生き残るには、「知の懐《ふところ》」を広げておく必要があるのです。

求められる姿勢は、目の前や自分の庭先だけを見る症候群に陥らず、社会課題への関心を持つ、表層的解決や偽善ではなく複雑な課題から逃げない、狭い世界に安住した安易な解決ではなく様々な知を求める、といった態度です。

日本のビジネスパーソンの勉強不足ぶりを示す調査結果は第1章で紹介しましたが、勉強を欠かさず新しい扉を開き続ける姿勢が何より必要です。日本のビジネスパーソン、特に公共交通機関が発達した都市部の人々は、他国に比べてよく酒を飲むと言えるでしょう。私もそうでした。しかし、「酒浸り、学びなし」では、もうもたないのです。「リスキリングに励め」と政府に言われるまでもなく、「学び」を生活の中心にドカンと据えるべきでしょう。何よりの武器になるはずです。

デジタル時代のリスキリングで重要な要素として、「4S」の強化があります。まず未来を見る「シナリオ（Scenario）」で、情報収集や未来から今を見るバックキャスティングが必要です。哲学、歴史、心理学、社会学、時代認識がカギになります。第二は世界レベルの「スピード感（Speed）」です。意志決定を速めるデータ収集、ビジョンや価値観を明確にしたコミュニケーション、対話を通じた変革が大切で、経験値や幅広い知見が必要になります。第三は「サイエンス（Science）」で、データや科学を基盤とした合理的判断で意思決定し、しがらみからの脱却が重要になります。論理思考や行動経済学の知恵も必要となります。最後は「セキュリティ（Security）」です。今の世界はリスクが増えています。人権・個人情報、サイバー攻撃、知的財産権、地政学・経済安全保障、環境・エネルギーなどです。米中対立はこれらの背景にある大きな要素です。ルールメイキングに積極的に加わるなど、従来とは違う発想の行動も求められています。

イノベーターシップの第五は「場づくり力」です。「イノベーションを生み出すカギになる、共創する人間関係や人脈を構築する力」です。共感を得る人間力やコミュニケーション力が重要になります。リスキリングには、人間に関する学び直しも不可欠です。世代や国境を超えてつなぐ力、心の知能指数と呼ばれる「EQ（Emotional Inteligence Quotient）」、愛や熱意の知能指数と呼ばれる「LQ（Learnability Quotient）」など心に関する力も大切になってきます。若手とシニアが共創する「青銀共創」、行動や能力をコミュニケーションで引き出す「コーチング」、言いたいことを言える環境をつくる「心理的安全性」、相手を尊重する「リスペクト」などがキーワードになります。

言葉遣いも重要です。ポジティブな言葉を多く使うように心がけなければいけません。感謝、支援、応援、協力、承認、賞賛、思いやり、寛容などです。一方、批判、否定、不満、皮肉、不同意などネガティブな言葉は避け、積極的な雰囲気づくりが大切になります。

健康にも4つの要素があります。「体の健康」が基本ですが、豊かで安定した「情動の健康」、論理的で理性的な「思考の健康」、共通善や志を大切にする「精神性の健康」があります。

これらは、どれもライフシフト大学で学んだ内容です。とてもすべてを完璧に実行することはできません。しかし、常に心に留めておくことで、結果が自ずといい方向に変わっていくことは想像できます。包丁は定期的に研いでおかないと切れ味が鈍くなります。人間の頭と心も定期的に学んだ内容を思い起こし、研いでおく必要があると痛感しました。

## 郷里・遠州で受け継がれてきた精神

私は２０１７年３月から２０２２年12月の定年退職まで、郷里で一記者をしました。静岡県の浜松支局員兼掛川支局長で、年齢は59歳から65歳直前までです。それ以前、関連会社への役員就任を打診されました。その時考えたのが「新聞記者になりたくて新聞社に入ったんだから、一記者で終わろう」という初心でした。新聞記者は若い頃からの夢でした。しばらく東京本社で経済部に所属した後、郷里に異動しました。新聞社の場合、シニアになって地方に勤務する記者はたくさんいます。県版を中心に記事を書きますが、全国版に比べて記事の自由度が高く、記者にとってはおもしろくて楽しい持ち場です。

２０１８年４月から３年間、「遠州考」という週１回の連載を行い、３冊の本（羽衣出版より刊行）にもなりました。浜松市を中心とした静岡県西部地方は古くから「遠江《とおとうみ》」と呼ばれ、「遠州」の名称は定着しています。明治初期には「浜松県」がありましたが、静岡県に統合されました。そのため静岡市を中心とした駿河地方や伊豆半島を中心とした「伊豆」への対抗意識が強い土地柄で、遠州ならではの風土や歴史があります。

象徴的な言葉が「やらまいか精神」です。地元の方言で「やってみよう」という意味です。遠州からは世界的な企業となったヤマハ、ヤマハ発動機、スズキ、浜松ホトニクス、河合楽器製作所などの企業が誕生し、トヨタ自動車とホンダの創業者も遠州出身です。やらまいか精神は積極的で開放的な風土を表す言葉です。

背景にはいろいろあります。若き日の徳川家康が浜松城を築城し、三方ヶ原の戦いで武田信玄に大敗北する貴重な教訓を得ました。江戸時代には強大な領主権力がなく、自由な気風の土地です。賀茂真淵《かものまぶち》を起点とする国学、二宮尊徳に始まる報徳運動も盛んで、「知のネットワーク」を形成しました。明治になって浜松県が消滅すると将来に危機感を抱き、政府の鉄道院工場（現JR東海浜松工場）、浜松高等工業学校（現静岡大学工学部）、陸軍といった国の機関を強烈な熱意を持って誘致し、製造業の基盤となりました。

「遠州考」では文化や祭り、スポーツ、教育など経済以外のテーマも多く取り上げました。登場した人たちには「やらまいか精神」が大なり小なり通底していると感じました。飲食店や小売店などで全国チェーン店が多くなり、文化の画一化が言われますが、目をこらせば地方の個性はあり、大切にすべきだと感じます。

「遠州考」の取材を進めていくうちに、ホンダ創業者の本田宗一郎、トヨタ自動車創業者の豊田喜一郎にフォーカスして連載したいと思うようになりました。ともに遠州出身です。2人の偉業は、今も世界的に著名で関心を集めるグローバル企業を設立したこと、並外れた夢と志を持って生き抜いたことの2点です。連載は『宗一郎と喜一郎　ホンダとトヨタとニッポンの物語』（2022年、羽衣出版）として2021年4月から1年間続け、本にもなりました。昔話ではなく、日本の未来を開くため、イノベーターシップの実例として、今こそ知っておきたい、学びたい物語だと思います。

## 本田宗一郎の痛快な夢と志

本田宗一郎は1906年、今の浜松市天竜区に生まれました。幼少期から機械に異常なほどの興味を持ち、エンジンの音やにおいが好きでした。小学校では悪童で知られ、機知に富んだいたずらが好きでした。勉強は嫌いで中学校には進まず、東京・湯島の自動車修理工場に見習いに出ました。最初は子守りをやらされましたが、1923年の関東大震災で先輩らがそれぞれの田舎に帰ると、宗一郎は自動車修理や焼け出された人をオートバイのサイドカーに乗せて稼ぐなど大活躍しました。ピンチをチャンスに変えたのです。

1928年に浜松に戻って開業しました。修理の腕は天才的と評され、繁盛しました。修理に飽き足らず、自動車部品の製造会社を設立しました。しかし、品質のいいピストンリングがつくれません。浜松高等工業学校の聴講生となり、シリコン不足を知って学問の力を痛感します。戦争が始まると、軍のあっせんでトヨタ自動車の傘下に入りました。

終戦が大きな転機となりました。宗一郎は「トヨタの指令は受けたくない。生ける屍《しかばね》になりたくない」と会社の株をトヨタに売却して手を切りました。そして、「民主主義がわからない」と1年間は何もせず、どんな社会になるか考えました。そんな時、陸軍の無線機用の小型エンジンを友人宅でたまたま目にします。これを自転車につけて売り出してヒットさせ、さらに高度なオートバイ製造へと発展させます。軌道に乗ると海外にも輸出します。宗一郎は戦前からレースが大好きだったので、オートバイレースに出場し、好成績で知名度を上げます。

1963年には自動車を売り出します。当時は通商産業省（現経済産業省）が産業活動も仕切ろうとした時代で、国内自動車メーカーを3グループ化しようとしていたので、ホンダの参入に反対しました。宗一郎は一升瓶を提げて「国に守ってもらって国際競争に勝てるか。バカヤロー、官僚が日本を弱くするんだ」と怒鳴り込みます。ホンダは日本メーカーとして最後発でしたが、低公害エンジンを世界でもっとも早く開発し、米国にもいち早く工場をつくり、世界的なメーカーになりました。

おもしろい逸話があります。自社の強みや弱みを考える「SWOT分析」という経営分析の手法がありますが、宗一郎は社長退任後、「そんな分析をしていたら絶対に自動車に参入することはなかった」と語っています。今は分析ばやりで、課題をどんどん指摘する風潮にありますが、やりすぎるとリスクばかりが目について、何もできなくなります。全員が賛成する事業というのは、すでに他社が成功しピークを越えたような事業ばかりになります。分析に先立つ経営者の熱い思いこそ重視すべきだということを物語っています。

宗一郎の情熱がホンダを引っ張ったのは間違いありませんが、藤沢武夫副社長の存在も忘れてはいけません。宗一郎は技術の天才ですが、金勘定が不得意でした。戦後、浜松高等工業時代の恩師から藤沢を「経営の才がある」と紹介され、一目ぼれして二人三脚で歩んできます。２人は１９７３年、ともに退陣し、潔い引退と称賛されました。長老が長く居座って「老害」を生むこともある経済界で、今も引き際のお手本です。自らの限界を知る自覚力があったと言えます。藤沢が宗一郎の魅力的な姿を巧みにＰＲしたこともあり、宗一郎は車やレースの世界でも、経営の世界でも人気者です。

## 野中郁次郎が語る本田宗一郎６つの能力

野中郁次郎教授は２０１７年に『本田宗一郎　夢を追い続けた知的バーバリアン』（ＰＨＰ研究所）という本を出版し、宗一郎の軌跡を振り返りながら、経営学の知見で分析しています。宗一郎について「身体的経験から普遍を紡ぐ天才」「六つの能力とフロネシスを持った実践知リーダー」と形容しています。

「フロネシス」はアリストテレスが提唱した概念で、「共通善に向かって、物事の複雑な関係性や文脈を配慮しながら、適時かつ適切な判断と行動を取ることができる、身体性を伴った実践的な知性」と定義しています。日本語では賢慮、実践的理性、実践知などと訳されています。実践知リーダーには6つの能力があると考え、それぞれについて、宗一郎の行動や語録からピックアップしています。

第一は「善い目的をつくる能力」ですが、次のような局面で発揮されたと分析しました。宗一郎はホンダのモットーとして「つくる喜び、売る喜び、買う喜び」という「三つの喜び」を掲げました。時間の効用を説き、能率を実現する要素として「時間、金、プライド」を強調。滅私奉公は求めず、「自分のために働け」と呼びかけ、「企業は公器であり、人間形成の場」と考えました。

第二は「ありのままの現実を直観する能力」です。五感を駆使してマシンを見ることを徹底しています。「現場・現物・現実」の三現主義も言い続けました。「現地・現物」を掲げるトヨタとも共通しています。宗一郎が軍の小型エンジンを見て自転車の補助エンジンにしたことは、この能力の実践と評価しています。「百科事典にあるような知恵はみんな過去だ。

俺は未来が知りたい」も口癖で、自らの手を駆使して機械を触り、考える人でした。

第三は「場をタイムリーにつくる能力」です。経営学における「場」は、人と人との共鳴や相互作用を通じて新しい知を創発すると定義できます。宗一郎は他人の気持ちがよくわかる人でした。小さい頃はいたずら好きの悪童でした。浜松で創業後は、花柳界の人たちと遊ぶことが好きでした。宗一郎は「花柳界ほど生々しい勉強をしたところはないな。人を見るにはいい場所ですよ。威張るやつは最低だね」と話しています。技術には厳しい面がありましたが、ジョークの達人でもあり、社員には愛されました。

第四は「直観の本質を物語る能力」です。ミクロの本質や直観をマクロと関係づけ、時には対話を通して概念化、物語化し、生きた言葉に変換する能力に長けていました。仕事のために本を読むのは嫌いでしたが、歴史は好きでした。徳川家康軍と武田信玄軍が合戦をした三方ヶ原が近くにあり、言葉巧みに話す合戦の話を祖父に何度もねだったそうです。『枕草子』や『徒然草』『方丈記』は何回も読み、短い言葉で本質を語る能力に秀でていました。

第五は「物語を実現する政治力」です。あらゆる手段を巧みに用いて、自分の物語を万難を排して実現に導く能力を指します。リーダーシップの基盤は、合法力、報償力、強制力、専門力、親和力、情報力の６つの能力と考えられますが、宗一郎は社員に対してこの力をすべて持っていました。部下を殴ったことは有名ですが、強制力というより、「お前ならできる」という親和力に近いと言えるでしょう。

第六は「実践知を組織する能力」です。自分に埋め込まれたフロネシス（賢慮）を実践を通じて組織に伝承し、部下を育成しながらフロネシスを組織に根付かせる能力です。宗一郎は物真似を嫌い、世の中にないものをつくりたいという意欲の強い人でした。部下には「教育や知識は必要だけど、必要な時にあればいい。大事なのは自分の経験から得た、やってみたことによる知恵だ」「知恵はお前のものだ」と言っていました。「成功とは99％の失敗に支えられた1％である」が口癖でした。部下に押しつけるタイプではなく、自分の頭で考えようと常に意識していました。

野中教授はこうした能力を持った宗一郎について、「身体で考える知的バーバリアン」と結論付けています。「カンとコツにたけたスーパー職人」「全身全霊で向き合う人」とも形容しています。現象学の創始者であるエトムント・フッサールが1936年、『ヨーロッパ諸学の危機と超越論的現象学』という論文で、数学を多用する分析主義の弊害を強調していたことを、野中教授は引用します。フッサールは、情感に満ちた日常世界に起源を持つはずの学問が、自らの出自を忘れ去り、最初から自立した数字で表される客観世界であるような幻想を振りまき、人々がそれに呪縛されている、と主張しているのです。野中教授は近年、企業経営にいろいろな指標が導入され、健全な経営を頓挫《とんざ》させる可能性をはらんでいると指摘し、「宗一郎ほど情感に満ちた日常世界を大切にした大企業経営者はいなかった」と強調しています。

## 豊田喜一郎の静かな闘志

次は豊田喜一郎の夢と志を見ていきたいと思います。喜一郎は１８９４年、今の静岡県湖西市に生まれました。日清戦争の始まった年に、宗一郎より干支でちょうど一回り、12年早く生まれました。喜一郎の場合、織機開発で「発明王」と呼ばれた豊田佐吉を抜きには語れません。

佐吉は西洋偉人物語の『西国立志編』（サミュエル・スマイルズ著、１８５９年）を読んで、発明家になろうと覚醒します。発明に没頭する日々で、家にはほとんどいませんでした。研究や金策に走り、地元では半ば変人扱いでした。地元の女性と結婚して喜一郎が生まれますが、妻は家にいない佐吉に愛想をつかし、家を出て離婚してしまいます。喜一郎は祖父母に育てられます。喜一郎が３歳の時、佐吉は地元の女性と再婚しますが、この継母は教育熱心で、佐吉の反対を押し切って喜一郎に学問をつけさせます。閨閥《けいばつ》づくりも進め、三井財閥系を中心に人脈を広げます。佐吉は一時、大阪の経営者と共同事業をしましたが、業績不振の責任を取らされ辞めます。それが佐吉のトラウマとなり、以後は身内や番頭中心の経営になっていきます。学歴不問で子弟を採用しないホンダと比べて際立つトヨタの高学歴志向、家族主義経営は、ここに源流があります。

喜一郎は仙台の旧制二高から東京帝国大学工学部に進み、佐吉が経営する豊田自動織機に入社します。織機の将来性を心配し、自動車への進出を決意しますが、異母妹の夫が反対します。喜一郎より10歳上の商社マンで、佐吉の跡取りになる可能性もあったようです。喜一郎は口数が少ない物静かなタイプで、宗一郎のように逸話も多くありません。生来の性格に加え、複雑な家庭環境も影響していると思われます。しかし、自動車に懸ける情熱は誰にも負けず、周囲の反対を押し切って１９３７年にトヨタ自動車工業を設立します。

喜一郎は悲劇の経営者です。軍主導で日産自動車とともに自動車製造許可会社に指定されますが、戦時中は軍用車中心でした。戦争が終わると、物資不足の中でトラックを中心に生産しますが、販売店が大量の不渡り手形を抱えて経営不振に陥り、トヨタ本体を直撃します。喜一郎は人員整理の提案と引き換えに社長を辞めます。社長を継いだのは、豊田自動織機社長で、後に「トヨタ自動車中興の祖」と呼ばれた石田退三でした。喜一郎の退任直後に朝鮮戦争が勃発し、トヨタはアメリカ軍から大量のトラックを受注し、業績は急回復します。義理堅い石田は「トヨタは喜一郎の会社だ」と2年後の１９５２年7月に喜一郎が社長に復帰することを決めますが、喜一郎は同年3月、高血圧の発作を起こし、57歳で急死します。

ですから、喜一郎はトヨタの成功を知らないのです。しかし喜一郎は、民間の力で豊かな社会をつくることを夢見ていました。戦争には距離を置き、日本の敗戦を早くから予想していました。戦時中、自動車製造許可会社が2社に絞られた時、「2社ではなく、もっと多くの会社が競争した方がいい」と書き残しています。「国産自動車はできない」という悲観論に対しては、「織機でもできた。自動車も必ずできる」と語っています。石田は「一切を忘れて没入する性格は佐吉そっくり」と喜一郎を評しています。物静かでしたが、夢と志の強さは、宗一郎と変わらないと言えるでしょう。

## 確執で成長したホンダとトヨタ

ホンダとトヨタは、それぞれ別に成長したと考えている人が多いと思います。しかし、宗一郎の言動を細かく見ていくと、トヨタに敵愾《がい》心にも近い意識を持って対抗し、小回りの利くホンダの動きがトヨタを大いに刺激していたことがわかります。終戦直後、トヨタと日産を横綱とすれば、ホンダは十両、前頭から小結、関脇、大関へと駆け上る存在でした。宗一郎はことごとく、アンチトヨタで動いていきます。

出生地は40キロほどの距離です。宗一郎が物心ついた頃、佐吉は織機の発明によって著名で、裕福でした。小学校卒の宗一郎に対し、喜一郎は東京帝国大学卒。ライバル心は自然に湧くでしょう。

戦時中、宗一郎はトヨタの下請け的な存在になりますが、戦後は「トヨタの指示を受けたくない」と決別します。戦後もトヨタ傘下であれば、地方のそれなりの企業としてやっていけたでしょう。宗一郎の野望はそこにとどまらなかったのです。自動車に参入する時、宗一郎はトヨタの近くに工場の適地を探しますが、いい土地が見つかりません。そんな時、三重県鈴鹿市長の振る舞いに感銘を受けて同市に決めます。トヨタ本社がある愛知県挙母《ころも》市は豊田市に市名変更をしていたこともあり、鈴鹿市長は「本田市にしましょうか」と提案します。しかし宗一郎は「歴史のある名前を変えることはありません」と断ります。

トヨタの家族主義、世襲の経営に対し、ホンダは「会社は本田家のものではない」と子弟の入社を禁じます。高学歴のトヨタに対し、ホンダは学歴不問です。豊田家は二宮尊徳の報徳思想を信奉していますが、宗一郎は「倹約を説く尊徳は嫌いだ」と言います。三河拠点のトヨタは豊田市の松平郷にルーツを持つ徳川家康のようなイメージがありますが、宗一郎の好きな戦国武将は織田信長でした。１９７０年にアメリカで通称「マスキー法」が成立し、低公害エンジンが不可避となった時、世界で最初に規制をクリアする「ＣＶＣＣエンジン」を開発したのは日本で最後発のホンダですが、トヨタは技術供与を求めました。アメリカとの経済摩擦で現地生産が焦点になった時、最初に工場を建設したのが小回りの利くホンダで、巨艦トヨタは後を追うように進出しました。そして今、ホンダはガソリン車に見切りをつけて電気自動車（ＥＶ）に舵《かじ》を切り、ソニーとも提携しました。全方位のトヨタはＥＶシフトの後れを指摘されながら独自の構えで歩んでいます。

ホンダがあらゆる手段を駆使してかき回し、トヨタが手堅く改善を重ねて対応してきたのが、戦後日本の自動車業界だと言えないでしょうか。日産は戦後、長く技術を売り物にトヨタと二強を形成してきましたが、社内政治の激しさから「銀座の通産省」と揶揄《やゆ》される官僚的風土もあって次第に沈んでいきました。他社を真似しないホンダ、現場の改善を積み上げるトヨタのような強い思いがなかったことも一因と言えます。時代が変わって企業は表向き紳士的にならざるを得ないとはいえ、底流にはむき出しの激情や野心、闘争心がなければ立ち行かない気がします。

## 知恵と身体のバランス感覚を取り戻せ

「文武両道」という言葉があります。主に教育の世界で語られ、高校なら難関大学に多数合格者を出す一方、スポーツの全国大会などでも優秀な成績を収める学校というイメージがあります。しかし本質はそんな皮相な意味ではないでしょう。バランスのよい知恵と身体で社会を生きていく、と言った方がいいように思います。発達した脳を持つ人間ならではの知恵と、生物としての身体的な特性をバランスよく考慮して生きていくという意味です。今なら地球環境との調和が大きな課題になっています。

高度経済成長時代、日本人は海外から「エコノミック・アニマル」と呼ばれていました。1988年、創刊したばかりの『アエラ』の取材で台湾を訪れた時、日本語を話せる現地の経営者に「日本人は経済動物だから」と言われました。英語をそのまま訳せば「経済動物」ですが、日本語で言われて衝撃を受けました。確かに海外から見れば、日本人は「動物」だったのでしょう。太平洋戦争に敗れた後、日本人は経済戦争を仕掛けたかのように品質のいい製品を大量につくり、集中豪雨的な輸出をしていました。私生活を犠牲にし、小さな「ウサギ小屋」に住み、輸出先の同業者などお構いなく、自分の都合だけで爆走したのです。石油危機後、省エネ技術の競争に勝ち、輸出はさらに激しくなります。それが経済摩擦を生み、バブル崩壊もあって日本経済はどんどん沈滞していきました。

高度経済成長時代、日本人は「経済で負けるな」という知恵と、「24時間働けますか」という身体が、それなりに一定のバランスをとっていたと言えるでしょう。しかし今、知恵はＭＢＡ的な細かな経営技術が優先され、身体は低体温のような状態になり、宗一郎や喜一郎が抱いたような熱い夢や志を抱かなくなってはいないでしょうか。

喜一郎の長男で、トヨタ自動車の社長・会長を務めた章一郎氏を、経団連会長時代（１９９４〜98）に担当し、取材しました。「日本人はもっと頑張らないといけない」が口癖でした。２０２３年2月に亡くなりましたが、ビジネス界で定時の出社・退社が主流になる風潮に対して生前、「これでいい研究開発ができるのだろうか。もっと仕事に打ち込まないといけないのではないか」と話していました。好きな仕事に打ち込めば時間も疲れも感じない、好きな仕事の残業まで一律に否定することはないだろうというメッセージと受け止めました。

ビジネスパーソンの仕事や生活が充実する働き方改革は非常にいいことですが、単に安易な方向に流れては意味がありません。後継者や若い人を鍛える努力を怠っては将来がなくなります。中堅以上の人たちにとって部下をどう指導するかは簡単な時代ではなく、「愛情を持って厳しく指導してもパワハラと訴えられては損だ。ならば指導はやめようとなる」という嘆きをよく聞きます。後輩を単に甘やかしているだけでは、企業は永続しません。自由な気風で本音のやり取りができる、風通しのよいコミュニケーションの確立が急務です。

## バブル崩壊後のバーバリアンたち

「宗一郎や喜一郎とは時代が違う」と考えてしまっては、思考停止に陥ります。今の時代にふさわしい、強い思いを形にする経営、それ以前に強い思いを抱く経営者が求められています。

そんな経営者がいないわけではありません。新興国を中心に電動車事業を展開したテラモーターズや、ドローン事業を展開するテラドローンを設立した徳重徹氏です。『日経ビジネス』（2023年5月1日・8日号）で、次のように語っています。

**「僕はソニーの盛田昭夫氏やホンダの本田宗一郎氏のような起業家が好きなんです。創業当時の日本には大きな産業は何もないわけですよ。それでも世界で勝負するカッコよさがあった。私は今の日本から同じような圧倒的な成功事例を打ち立てたいんです」**

サラリーマン経営者では言わないような大きな夢を口にする姿は初々しいとさえ思えま

す。今の日本に足りないのは、何ものにもこだわらず本心を語る「自由力」ではないでしょうか。

徳重氏は１９７０年に山口県で生まれ、九州大学に進み、厳格な父の勧めで化学を専攻します。住友海上火災保険（現三井住友海上火災保険）に入社しますが、独立します。祖父の会社が倒産した経験を持つ父はひどく怒ったそうですが、父の抑圧が起業家を志すきっかけになったと言います。「起業家は高速回転でいろいろな検討をし、コストをかけずに当たりを見つける世界。コンサルタント的な発想ではイノベーションは難しい。実現可能性と社会的インパクトは負の相関にある。頭のよい人はリスクを取りたがらない。起業は意思決定の場数を踏んで、最後に勘で勝負する世界」と分析しています。新興国の企業は日本の大企業社員を「ＮＡＴＯ」と呼んでいるそうです。「ノー・アクション・トーク・オンリー」。動かない、話すだけの人。日本企業の存在感はどんどん小さくなっていると指摘します。

電子部品商社で電子機器の受託製造サービス（ＥＭＳ）も手がけるシークスを創業した村井史郎氏は、「売れるものは何でも売れ」と突進してきました。

１９２８年生まれで、印刷インキ大手の阪田商会（現サカタインクス）に入社しました。最初は労働組合担当、次いで役員秘書を務めましたが、自由な雰囲気の貿易部を希望しました。当時は輸入だけでしたが、「輸出をやりたい」と手をあげ、一人で始めました。そんな時、フィリピンではテレビの部品を生産していないことがわかりました。「世界のインキ市場は2兆円だが、電子部品はもっと大きい」と、専門学校で電子部品の知識を学びました。「インキとデンキは一字違い」と周囲を説得し、現パナソニックの役員と面会。「ラジオ部品の在庫整理を手伝うという条件なら、一度君に任せてみよう」と輸出契約に成功します。その後は、成長製品と見られた電子楽器やオートバイの貿易も手がけ、電子部品、自動車部品のEMSへと拡大していきます。バブル崩壊後の1992年、サカタインクスから独立し、今に至ります。

一見、違う分野にどんどん進出したように見えますが、「売れるものは何でも売る」という方針で一貫しています。新聞を読みあさり、売れそうな商品を見つけるとキーマンとの面会を追い求め、口説いていきました。バイクに乗り、手ぬぐいを顔に巻いたサングラス姿だったことから、大阪では「月光仮面」と呼ばれたそうです。商売で成功するためには、「人間性」と「信頼関係」が普遍的に重要だと言います。村井さんは創業者の思いをホームページで次のように書いています。

**「『愚者は経験に学び、賢者は歴史に学ぶ』という格言があります。私がやってきたことがBestだったとは思いませんが、顧客との信頼関係の構築の重要性やビジネスの拡大の方法、困難を超えていく熱い気持ちを社員には持ってほしいと考えています。謙虚に行動し、**

貪欲に学ばなければなりません。高い理想を持ちながら同じ方向を向いていなければ、船は前には進みません。常にフェアな気持ちを忘れてはいけないと思います。私自身、人種や性別などで昇進を考えることはありませんし、イリーガルなことも絶対に行いません。ゴルフに例えるならば『フェアウェーの真ん中を行く』ことが何より重要で、最終的には近道になるのだという考えです。『信頼関係が基本にあれば、大抵のことはブレイクスルーできる、インキ屋だった私ができたのだから』。そのことを今後も言い続けていくつもりです」（抜粋）

破天荒にも思える軌跡ですが、信念は一貫しています。世間の常識にとらわれずに発想し、果敢に動いてきた姿は、「自由力」の成果と言ってもいいでしょう。

## 企業と社員の成長に必要な広い視野

総崩れ状態の電機業界で、低迷からいち早く脱したのが、ソニーグループです。ホンダと並ぶ戦後ベンチャーの雄であり、長い歴史を持つ日本企業とは一線を画する経営を貫いてきました。テレビやビデオを中心としたエレクトロニクスからエンターテインメント、金融へと変革してきましたが、人事戦略も独自です。安部《あんべ》和志《かずし》執行役専務は『日経ビジネス』（2

023年2月27日号）のインタビューで、「個人を支援する人事が重要だ」と次のように述べています。

**「企業の成長は突き詰めると多様な『個』の成長の総和ではないでしょうか。成長は個人と企業をつなぐ共通のアジェンダ（課題）となり得ます。個人の成長を支援して、結果として企業も成長していけばいい。個の挑戦を支援した結果、社員自らが学ぶカルチャーが定着し、自律的な成長を実現できたと思う。社員を管理しようとするのはもうやめて、それぞれの人が持っている動機や人事を支援することが必要です。この理念は不変です」**

キーワードは、個人と企業の「成長」であり、「自ら学ぶカルチャー」であり、「管理より支援」です。採用や中堅、シニア向けに具体的な方策を用意しています。年金も持ち運びしやすいように確定給付（DB）から確定拠出（DC）に変えました。人事分野だけこの方針でやるのではなく、企業経営のすべての局面で同じベースを貫いています。

しかし、こうした人材育成方法は、昔から言われていました。孔子の『論語』は、指導者のあり方について多く言及しています。要約すれば、「人にやらせる能力が重要で、ゆったり見回し、失敗の責任を取る。長所を伸ばす。和を尊ぶが付和雷同せず、大局を見る。命令する相手への思いやりを忘れず、命令する自分に実行が伴っているか自問する。人は万能ではない。求めすぎてはいけない。いいタイミングでの後押しが重要だ」などと言っています。社員の成長を支援するとは、こういうことではないでしょうか。

ピーター・ドラッカー氏は経営学者として著名ですが、単純に企業の成功を期待したわけではありません。１９０９年にドイツ系ユダヤ人としてウィーンに生まれ、ユダヤ人差別を掲げるナチスドイツの台頭に直面し、イギリス、アメリカへと逃れます。そこで影響力を持ち始めた巨大企業と出合い、著書『マネジメント』を執筆します。その前書きで、「成果をあげる責任あるマネジメントこそ全体主義に代わるものであり、我々を全体主義から守る唯一の手立てである」と書いています。

彼は、何のための企業かを深く考えました。マネジメントの役割として、①使命を果たす、②働く人を生かす、③社会の問題に貢献する、の3つをあげています。仕事に責任を持たせる条件として、①生産的な仕事を与える、②フィードバック情報を与える、③継続的に学習できる環境を与える、の3点を指摘しています。企業と個人にとって、社会的な役割や学習の視点を強調していることが印象的です。

日本企業も社員ももっと広い視野が求められています。マネジメント、リーダーシップを超えるイノベーターシップ。それを実現する自らの強い思いや夢や志。それを企業が支援し、社員も深く自覚して学び、成長し、企業の成果につなげていく。そんなサイクルが確立すれば、日本経済は再び輝くに違いないでしょう。

第3章

# 企業倫理の再構築

## ——規範力を取り戻す

## 優秀な社員が集った名門企業・東芝

東芝は経済界きっての名門企業と言われてきました。石坂泰三氏（1886〜1975）、土光敏夫氏（1896〜1988）という2人の経団連会長を輩出しています。土光氏は1980年代、政府の行政改革を主導する国民的な存在となりました。私は1980年に朝日新聞の記者となり、新潟と浦和支局を経て、1985年12月に東京本社経済部に異動となりました。最初に担当したのが、東芝などを取材対象とする電機業界でした。

当時は汎用コンピューターやパソコンがニュースの中心で、富士通やNECが関心を集めていました。東芝は総合電機会社として日立製作所に次ぐ存在でした。日立は「野武士」と評され、わが道を行く社風で、メディアをあまり重視していませんでした。二番手の東芝は「お公家さん」風で、おっとりとして人柄がよく、能力の高さも感じさせる集団でした。東京出身者が多い印象で、地方出身の私は「都会の優秀な会社員はこういう人たちか」と思いました。

当時社長だった佐波《さば》正一氏の自宅に夜回りに行きましたが、頭の回転が速く、こちらの質問に穏やかながら瞬時かつ的確に答え、次の質問が出ないほどでした。社長を継いだ渡里《わたり》杉一郎氏は、在任1年余の１９８７年7月、アメリカ議会で大きな批判を生んだ東芝機械ココム事件で辞任しました。記者会見の際、短期間で社長を去る心境を問われ、「莫妄想《まくもうぞう》」と答えました。「妄想することなかれ」という禅の言葉で、過ぎたことはあれこれ考えないというメッセージです。退任会見で図らずも出る教養に感じ入ったものです。

## 衝撃の第三者委員会報告書

「情報は自ら公開されたがるように動いている」。地方支局時代、先輩からこんな言葉を聞きました。悪い情報はいずれ世に出る。老子の言う「天網恢恢疎《てんもうかいかいそ》にして漏《も》らさず」とも通じる意味でしょう。

２０１５年7月、東芝の不正会計問題を調査していた第三者委員会（委員長・上田廣一《こういち》・元東京高検検事長）の報告書は、名門企業を解体に追いやりました。発端は、内部告発を受けた証券取引等監視委員会が２０１５年2月、インフラ事業の工事進行基準について、利益水増しの疑いがあるとして東芝に報告命令を出したことです。東芝が調べている過程で、その他の不正も次々と明らかになり、5月に第三者委員会を設置し、調査していました。報告書は工事進行基準のほか、映像事業の経費計上、パソコン事業の部品取引、半導体事業の在庫評価で不正があり、利益の過大計上は合計2248億円に達すると指摘しました。これに合わせて直近3代の社長経験者を含む9人が辞任しました。その後、買収した子会社でアメリカの原子力発電関連会社ウェスティングハウス・エレクトリック・カンパニー社の不正会計も発覚しています。

東芝は「ガバナンスの優れた優良企業」として著名でした。2003年に「委員会等設置会社」が導入されました。経営を監督する組織として、役員人事を決める指名委員会、役員業務をチェックする監査委員会、役員報酬を決定する報酬委員会という3つの委員会を設置する制度です。監督と執行を分離し、不祥事を防ぎながらしっかり稼ぐ狙いです。東芝はいち早くこの仕組みを取り入れており、コーポレート・ガバナンスの強化に先進的に取り組んだ会社とされていました。

第三者委員会の報告書は不正会計問題の原因について、不正は経営トップ主導だったと明らかにし、「経営判断として行われたものと言うべく、是正することは不可能であった」「東芝には上司の意向に逆らうことができない企業風土が存在していた」と指摘します。経営トップの意識改革、企業風土の改革、取締役会や監査委員会による内部統制の強化など多くの再発防止策を提言しています。最後に「先進的なコーポレート・ガバナンス体制を構築していると評価されてきた会社であって、多くの企業の範となるべき会社である。誠に驚きであるとともに誠に残念なことと言わざるを得ない」と結んでいます。

## 背景に４人の歴代社長による暗闘劇

第三者委員会の報告書は、真実の半分を明らかにしていますが、「優良企業だったはずの東芝でなぜこんなことが起きたのか」という残り半分には迫っていません。東芝転落の背景にあるのは、西室泰三氏（社長在任１９９６〜２０００）、岡村正氏（同２０００〜05）、西田厚聰《あつとし》氏（同２００５〜09）、佐々木則夫氏（２００９〜13）という歴代４社長の振る舞いでした。

朝日新聞の大鹿靖明《おおしかやすあき》記者による『東芝の悲劇』（２０１７年、幻冬舎）は、東芝の凋落と崩壊について、競争から落伍したり、ライバルの出現で市場から駆逐されたりしたわけではなく、「ただただ、歴代トップに人材をえなかっただけである」と書いています。東芝の元広報室長は４人の社長を「模倣の西室、無能の岡村、野望の西田、無謀の佐々木」と評し、同書は内幕を以下のように描いています。

東芝の主流は重電部門でしたが、西室氏は新興の国際営業部門で、社内基盤は強くはありませんでした。社長就任直後、自分を引き上げた重電部門出身の２代前の社長が急死し、後見人的存在を失いました。西室氏は「俊敏な経営」を標榜し、ソニーなどを模倣した分社化を進めましたが、遠心力が働き、業績は低迷しました。4人の副社長が反旗を翻《ひるがえ》し、西室氏は穏健で調整型の岡村氏に社長の座を譲りました。西室氏は経団連副会長に就任し、さらに会長を目指すようになります。岡村氏はＩＴバブル崩壊による後始末に追われ、西田氏が社長の座を引き継ぎます。

西田氏は東芝では異色の人物でした。早稲田大学政経学部から東京大学大学院に進み西洋政治思想を研究しましたが、日本に留学していたイラン人と結婚し、イランに住みます。妻は東芝の現地合弁会社に就職し、続いて西田氏も入社します。30歳くらいだったので、かなり遅い入社です。西田氏は東芝には珍しくアグレッシブなタイプで、パソコン営業で頭角を現します。役員になってから「社長になりたい」と野心をたぎらせ、落ち込んだパソコン事業を一気に立て直します。しかし、裏では「チャレンジ」と呼ばれる過大な目標を部下に課し、達成できなければ不正会計に手を染めました。一方で、異色の経歴に加え、会話では哲学者や政治学者の名前がどんどん出る学識経営者として注目を集めました。

西田氏は原子力発電に追い風が吹いていたこともあり、ウェスティングハウスの買収を決断します。しかし、２０１１年の東日本大震災の福島第一原発事故が原発への逆風となり、経営の重荷になります。買収を支えたのが、次に社長になった佐々木氏で、原子力部門の出身でした。

東芝の原子力部門は社内でも独立性が強い聖域のような存在でした。佐々木氏は明るい性格で激しく仕事をするが、部下への厳しさでも有名でした。佐々木氏の部下への指導に対して西田氏は批判的になり、佐々木氏は利益を出すための不正会計を続けました。両者は会見などでもお互いを批判するようになり、２０１５年7月にともに退任しました。４人は経済団体や政府の要職にも就きましたが、自分の名誉欲が東芝の業績維持の動機にもなりました。真面目に働く社員のことは二の次だったようです。

優良企業だった東芝が、この４人の社長によって凋落したことは、社員や業界の常識になっています。解体と迷走は今も続いています。

西田氏をめぐっては、個人的な思い出があります。経団連系の経済広報センターは毎年、企業広報に関する企業や経営者らを３部門で表彰しています。審査員は学識経験者やメディアの経済部長らですが、私が朝日新聞東京本社の経済部長として審査員に加わっていた２０06年、西田氏を企業広報経営者賞に選びました。私は立て板に水の風情で建前のような内容を話す西田氏に少し違和感を抱いていたので、消極的な意見を述べました。しかし、他の審査員が評価し、受賞者となりました。授賞式では審査員全員が一言話す場があり、私は「皆さんがもし不祥事を起こせば、選んだ側の責任も問われるので、そうしたことのないようにお願いしたい」と述べました。半分冗談ですが、本音でもありました。かつての東芝経営者にあった率直さや良識を感じませんでした。

## 底なしの不祥事を生む企業風土

2019年9月の共同通信のスクープで明らかになった関西電力の不祥事は、社会の常識を超えて醜い様相を呈しました。反競争的な行為は2023年以降も尾を引いており、深刻な企業風土と言わざるを得ません。

金沢国税局の税務調査で、高浜原発のある福井県高浜町の元助役から関電幹部に多額の金品が渡っていたことがわかりました。関電は関係者の社内処分を決めましたが、不祥事を公開しないことにしました。しかし、「情報は自ら公開されたがるように動いている」という教えの通り、共同通信が特報し、2020年3月に第三者委員会が3・6億円の金品が渡っていたとする報告書を出しました。その中で、経営悪化でカットしていた役員報酬について、18人に計2・6億円を秘密で補塡《てん》していたことが新たに判明しました。ビジネスの常識では考えられない隠蔽《いんぺい》体質です。この頃、新型コロナウイルスが拡大し始め、結果的に関電の報道は少なくなりましたが、コロナ禍がなければ、もっと強烈な印象を与えていたでしょう。

関電の不祥事はその後も絶えません。法人向けのカルテルを関電主導で他電力と結んでいたことが明らかになりました。新電力の顧客情報を不正に閲覧し、営業活動に利用していたことが判明しました。電気事業とは関係ありませんが、20代の関電社員がウェブを利用した企業の採用試験の適性検査で替え玉受検をし、有罪判決も受けています。経営陣に健全な常識がないので、会社全体の規範力が極めて弱いと言われても仕方ないでしょう。

電力会社は長く地域独占をしてきた企業で、地域で特別な存在です。かつてはコストに利益を上乗せできる総括原価主義が適用され、赤字にならない安定した会社でした。よほど注意していないと経営陣には殿様意識が生まれます。電力会社とは赴任した各地で接しましたが、関電は特に自分たちは特別だという意識を感じさせる会社でした。

電力会社はどの地方でも有力企業で大きな存在感を発揮していますが、体質は違います。初任地の新潟支局では、東京電力の柏崎刈羽《かりわ》原発と東北電力の巻原発が建設を準備していました。新潟県庁や新潟県警は、東京電力を「ていねいに地元の理解を得ようとしている」と高く評価していました。東京電力社長や経済同友会代表幹事を務めた木川田《きがわだ》一隆氏が「企業の社会的責任」を強調し、木川田氏に師事し社長や経団連会長を務めた平岩外四《がいし》氏の謙虚な人柄で、地元には低姿勢であたりました。新潟県は東北電力管内なので、「アウェー」という感覚もあったのでしょう。

一方、東北電力は本社こそ仙台市ですが、地元の電力会社です。建設が難航していたこともあり、情報公開に後ろ向きで、新潟県庁などは「殿様体質が抜けない。もっと地元の理解を得る努力をして欲しい」と批判的でした。東北電力は結局、巻町の住民投票で建設反対が上回り、建設を断念しました。巻町は政争の激しい土地で、難しさもありましたが、東北電力の対応が違っていれば、どうなっていたかわかりません。

名古屋と遠州勤務時代は中部電力、大阪勤務時代は関西電力とも接点がありました。中部電力の体質はかつての東京電力に近く、常識的でした。しかし、関西電力は大阪随一という意識が強く、尊大な印象も受けました。ですから、一連の不祥事が起きてもそれほど不思議には思いませんでした。東京電力について言えば、２０１１年に起きた東日本大震災による福島第一原発事故の事前対応を見ると、企業の社会的責任に関する意識は落ちていたと言わざるを得ないでしょう。事故後は経営基盤も弱くなり、別会社のイメージです。企業の盛衰は何がきっかけになるかわかりませんが、「人が重要」ということは一貫した真実です。

## 不祥事を防ぐために必要なもの

どんな立派なシステムをつくっても、魂を入れなければ形骸化します。しかし、何でも新しいシステムをつくって安心したがるのが今の社会の特徴であり、弱さではないでしょうか。不祥事が起きれば、「再発防止システムが重要だ」と、新しい仕組みを法律家やコンサルタントが求めることがあります。世論やメディアや政府が対策を急かすこともあるでしょう。東芝の先例はアメリカにあります。

１９９０年代から２０００年代にかけて、エンロンという大手エネルギー会社がありました。当時としては最先端のデリバティブ取引をエネルギー取引に採用し、「最も革新的な企業」ともてはやされていました。当時の売上高は全米7位でした。しかし、裏では損失を子会社に付け替えるなど「不正のデパート」と呼ばれる会計操作をしていることを２００１年10月、ウォールストリート・ジャーナル紙が報道しました。エンロンの株価は下落し、同年12月に破綻しました。監査人であった大手監査法人のアーサー・アンダーセンも、不正に加担していたことがわかり、破綻しました。会計不信が広がり、大手電気通信会社ワールドコムなどの不正会計も発覚し、破綻しました。アメリカ議会は企業統治を強化するための上場企業改革・投資家保護法（ＳＯＸ法）を制定する事態に発展しました。内部統制、コンプライアンス、内部監査といった言葉が流行になりました。

不祥事を起こさないためのシステムは必要でしょう。しかし、システムをつくれば不祥事は起きないかと言えば、そうではありません。システムは放置すれば独り歩きします。独り歩きしたルールだけを守ることが優先されがちです。しかし、不祥事を起こすのは人です。人に対する深い洞察抜きにして不祥事はなくならないでしょう。冷めた見方をすれば、「不祥事は必ず起きる」ことを前提にシステムと人とのバランスを常に考えておくことが重要です。人間はなぜ悪事に手を染めるのかを考え、「事前と渦中と事後という3つの段階の対応に冷静に向き合い、不祥事の打撃をより小さくする」という発想も重要でしょう。

## 経営者に求められるマインドセット

心理学者でスタンフォード大学のキャロル・ドゥエック教授は、「マインドセット＝心のあり方」から分析します。著書『マインドセット「やればできる！」の研究』（2016年、草思社）で、マインドセットには「硬直（fixed）」と「しなやか（growth）」の2種類あると指摘します。前者は、人間の能力は固定的で変わらないと信じ、周りの評価を気にして自分の能力を繰り返し証明せざるを得ないという特徴がある人です。自尊心を大切にします。後者は人間の基本的資質は努力次第で伸ばすことができると考え、学びを重視してうまくいかない時こそ粘り強く頑張るという特徴がある人です。成長への意欲を大切にします。

ドゥエック教授は、１９８０年代以降のアメリカ企業を分析し、経営危機に陥ったり、破綻したりした企業には、硬直マインドセットの経営者が多いと分析します。エンロンの経営者だったケネス・レイ氏とジェフリー・スキリング氏はその典型です。破綻各社の最高経営責任者（ＣＥＯ）の共通点として、「人間には優劣があると考え、自分の優位性を証明する必要に駆られる。部下を利用し、育成しようとは考えず、私利私欲に走っている」と指摘しています。

逆にしなやかなマインドセットの経営者としてゼネラル・エレクトリックのジャック・ウェルチ氏、ＩＢＭのルイス・ガースナー氏らをあげています。共通点として、指導者に求められるのは頭のよさではなく、成長と情熱だと信じ、地位や肩書にこだわらず、オープンで、社員を信頼して育成しようとしていると指摘しています。地味で控え目で、しなやかマインドセットの人物が企業を飛躍させると強調しています。「健全な魂はシステムを超える」と言っていいでしょう。

## 企業倫理の理論を考える

こうした問題は、企業倫理の問題です。企業と倫理に関する哲学者や有識者による過去の理論を押さえておくことは有意義です。『企業倫理入門』（高浦康有《やすなり》、藤野真也編著、２０２２年、白桃書房）は、功利主義、義務論、正義論、徳倫理、行動倫理の５つの理論を紹介しています。

第一の「功利主義」は、社会全体の幸福を最大に高める考え方です。ベンサムやミルら19世紀の英国の思想家によって提唱されたもので、特徴は二つあります。一つは、ある行為の結果が最善かという「帰結主義」、もう一つが最善によって「幸福の総和が最大になる」という「幸福帰結主義」です。問題点として、①行為の正しさを結果のみに求めることは一面的ではないか、②善が幸福に尽きるという考えは言いすぎではないか、③公平性に無関心ではないか、が指摘されています。確かに限界はありますが、企業経営が果たすべき最低限の条件が見えてきます。

第二の「義務論」の視点からビジネスを考えると、どうなるでしょうか。例えば低賃金の長時間労働を行っている場合、功利主義は売上の増減という「結果」で考えます。義務論は結果が失敗でも義務に従った行為なら道徳的に正しいと考え、「非帰結主義」とされます。代表的な理論家はドイツのイマヌエル・カント（１７２４～１８０４）です。人権概念の中核となる「人間の尊厳」を重視します。ビジネスの場面でも例外なく成り立つ普遍的な道徳判断が、人間の理性によって可能だと考えました。

第三は「正義論」です。西洋思想には複数の体系がありますが、代表的な理論家は、人格面での完全無欠さを重視したアリストテレス、自由で公正な社会正義を重視したジョン・ロールズ氏（１９２１〜２００２）です。アリストテレスは「ニコマコス倫理学」で、優れた魂の状態を「正義」ととらえました。ロールズ氏は、個人や行為に着目する正義のイメージを変え、誰でも自由を享受できる社会を構想し、公正さを重視する「社会正義」を唱えました。キーワードは「分配」で、不遇者を弱者に変えないように強調しました。ビジネスに応用すれば、公正さに配慮した企業経営、自由と多様性の尊重や少数派を弱者にしない対応が求められます。

第四の「徳倫理」は、人間にとっての善い生き方や幸福を問い、徳を備えることの重要性を説きます。徳倫理の祖はアリストテレスで、究極的な善としての幸福は、巨万の富でも名誉でもなく、善き生き方である「エウダイモニア」で、人間固有の機能は「理性」だと考えました。思いやり、協調的な態度、寛容さ、感謝の念、正直さ、公正さ、誠実さ、ユーモアや機知が重要になります。とりわけ重視したのが「中庸」で、例えば、勇敢という徳は、臆病と無謀の中間であるとしました。ビジネスに応用すれば、企業の目的は、経済的利益に加え、働く人の徳の陶冶《とうや》、人間的な成長を支えることが重要となります。

第五の「行動倫理」は、不祥事が減らない現状に対応しています。従来の倫理学は「倫理観の欠けた人間が非倫理的行動をとる」と考えますが、行動倫理学では「誰でも非倫理的行動をとってしまう」という前提を置き、背後にある要因に着目します。カギになるのが、認知バイアスや人間心理に関わる心の動きで、背景には、ハーバート・サイモン氏（1916～2001）が1940年代に提唱した「人間の判断の合理性には限界がある」という限定合理性があります。行動科学の観点から予防策を講じ、人の行動を倫理的な方向に誘導しようとします。「こうあるべき」という理想がうまく実現しない場合、人間性への深い洞察によって、何が問題やネックになっているかを明らかにできる可能性があります。

## コンプライアンス型か価値共有型か

企業倫理の理論は各種ありますが、重要なことはいかに実践するかです。引き続き『企業倫理入門』から引用すると、アメリカでは1970年代から企業倫理の制度化が始まり、1990年代半ばまで、倫理方針の明示、企業の社会的責任の明確化などが大企業を中心に浸透します。日本でもバブル崩壊と前後してゼネコン汚職、金融機関による総会屋への利益供与などが起きました。終身雇用や年功序列賃金といった日本的経営の見直しが進む中で、年俸制や成果主義など企業経営の欧米化が進み、企業倫理がクローズアップされました。

最初に隆盛になったのは「コンプライアンス型」です。特徴は、弁護士を中心とした法律家が主導し、具体的な禁止事項や価値観を決め、監査や内部統制の手法が導入され、相談窓口として内部通報制度（ホットライン）が設けられました。外部から強制された基準で、個人の裁量は小さく、前提とされた人間観は「物質的な自己利益に導かれる自立的存在」でした。コンプライアンス型は、法律家主導らしく個人より制度を優先するスタイルです。法令は過去を問題にするので後ろ向きな内容になり、多くの組織や個人に適用される結果、平均的な内容にとどまっている限界がありました。

「価値共有型」は、経営者主導で、抽象度の高い原則を掲げ、責任を伴った権限移譲という手法が導入され、ヘルプラインと位置付けられる社内相談窓口で対応します。自ら選定した基準による自己規制で、個人の裁量は大きく、前提となる人間観は「物質的な利益だけでなく、価値観や理想に導かれる社会的存在」となります。

コンプライアンス型は外部から強制する制度優先で形骸化する可能性があるので、価値共有型は社員に倫理的価値をより深く理解し、責任ある行動を促す狙いがあります。経営と倫理を内在的に結びつけることで、組織を活性化して人材育成につなげ、ブランド構築や経営革新を図ることを目指しています。より積極的な面はありますが、倫理基準が抽象的な欠点は否めません。人材育成が進まない場合、機能しない恐れもあります。

どちらかを選ぶというものではなく、自社の現状に合わせながら適切な態勢を構築することが求められるでしょう。肝心なことは「魂が入っているかどうか」だと言えます。後者は「共通価値の実現＝CSV（Creating Shared Value）」という考え方であり、経営学者でハーバード大学経営大学院のマイケル・ポーター教授が提唱して著名になっています。企業経営は、社会の共通価値を実現するものであり、企業の事業に環境や社会の持続可能性などを組み込んでいく考え方です。それまでの企業の社会的責任論は、慈善活動や寄付といった企業本来の活動と切り離されていた面がありましたが、社会課題の解決を企業本来の目的に組み込む思想です。地球温暖化や気候変動といった地球規模の問題が生まれ、世界の格差拡大や社会の分断も深刻になっており、今後長く、企業活動の基盤となる考え方と言えるでしょう。

## 豊かな日本の倫理思想

これまでは主に欧米の思想を取り上げてきましたが、日本にも倫理思想の豊かな歴史があります。明治維新以後、日本は欧米の文物を輸入するのに熱心で、日本固有の考え方を軽視してきた傾向があります。しかし、どんな思想もそれが生まれた風土とは無縁ではあり得ません。日本人が日本の思想を見つめることは、内発的な知恵や力を見直すことになります。企業倫理の面では、二宮尊徳（１７８７〜１８５６）の報徳思想をまず取り上げたいと思います。

尊徳は生涯、農村支援などの体験を通じて社会の規範を考え、人間として社会生活を行うための行動規範をつくりました。特色は「経済と道徳の調和」です。生活やモラルなど一般的な道徳活動と、日々の経済活動は、別々であってはならないとしています。自分の利益や幸福を追求するだけでなく、父母、兄弟ら我々を取り巻く一般社会、広くは天地大自然から受けている恩徳に感謝し、これに報いる行動をとることが大切です。それが人々のため、社会のため、自分のためにもなり、結果的にその行動が経済的利益と結びつくと考えます。「至誠、勤労、分度、推譲」の教えが基本です。「真面目に働き、適量を心がけ、人に譲る」という考え方です。コツコツ積み重ねれば大きくなる「積小為大《せきしょういだい》」、世の中のすべてはお互いに働き合い一体となって結果が出る「一円融合《いちえんゆうごう》」という言葉もあります。「誰にでも徳はある」と考え、論語にある「以徳報徳《いとくほうとく》」を大切にし、「徳や善意には、徳や善意で応じる」教えもあります。

拠点は静岡県掛川市にある大日本報徳社で、国の重要文化財に指定されている講堂前の門は、向かって左側が「経済門」、右側が「道徳門」と書かれています。これを見れば、自らの生活や活動を見直すことになるでしょう。報徳の教えを簡潔にまとめた「報徳訓」があり、「年々歳々報徳を忘るべからず」で終わっています。また、明治15（1882）年から毎月1回、日曜日の午前中に開く「常会」が、戦争中も途絶えずに続いています。大切な教えだとわかっていても、人間は誰でもおろそかにしがちですが、忘れないようにする仕組みがいろいろあるのです。

私は59歳で掛川支局長になり、2017年10月に初めて常会を取材しました。その日の講演テーマは地元講師による「孔子の教え」でした。地方都市の一角で、日曜日の朝に集まった100人近い人が熱心に耳を傾ける光景は、驚きでした。「放置すれば心は錆びつく。定期的に砥石で心を研ぐ作業だ」と感じました。

報徳思想は農村から経済界に広まり、各地に信奉者がいました。第2章でも取り上げたトヨタグループの創始者である豊田佐吉の父は熱心な報徳信者で有名で、佐吉も引き継いでいます。トヨタ自動車が掲げた「産業報国」の考えは報徳思想に基づいています。長野県伊那市に本社がある伊那食品工業は、報徳思想を基盤に長期的視点を重視した「年輪経営」を標榜しています。豊田章男氏が2009年に社長に就任して以降、トヨタグループ経営陣が教えを請うために大挙して訪れたことで知られています。

このほか、渋沢栄一、安田善次郎、松下幸之助、土光敏夫をはじめとする、多くの経済人たちにも多大な影響を与えているとされます。渋沢は幼い時から親しんだ『論語』の教えをもとに「道徳経済合一説」を唱えました。各人がヒト、モノ、カネ、知恵を持ち寄る「合本《がっぽん》主義」の構想を持ち、「日本資本主義の父」と呼ばれました。京セラの創業者である稲盛和夫氏（1932～2022）もこの系譜に入ると言えるでしょう。稲盛氏は「人生・仕事の結果＝考え方×熱意×能力」と定義しました。最も重視するのが「考え方」で、これ次第でプラスにもマイナスにもなります。心のあり方や生きる姿勢、倫理観と置き換えることもでき、具体的には、利他、感謝、前向きさ、協調性、明るく肯定的などをあげることができます。マイナスの考え方は、利己的、強欲、傲慢、非協調的な姿勢などです。

日本的倫理思想の共通点は、長期的視点の重視、従業員をはじめとする関係者＝ステークホルダーとの関係重視と言えます。こうした考え方は、短期的視点で株主利益を重視したグローバル資本主義が行き詰まりを見せる中で注目されています。報徳思想は北京大学などから都市農村の格差是正思想として評価され、国際二宮尊徳思想学会が設立される動きにもつながっています。

## 企業倫理は規範力の問題

哲学者の三木清（１８９７〜１９４５）が書いた『人生論ノート』（１９４１年）という本があります。「成功について」の一節で、成功と幸福を考えています。次のような内容です。

**「われらのモラルの中心は幸福だったが、現代は成功になったと言っていい。成功が人々の主な問題になった時、幸福は深い関心ではなくなった。成功のモラルが近代に特徴的なことは、進歩の観念が特徴的なことと似ている。成功は進歩と同じく直線的な向上と考えられる。中庸はあらゆる徳の根本的な形であると考えられてきたが、この観点を破ったことに成功のモラルの近代的な新しさがある。成功と幸福と、不成功と不幸を同一視するようになって以来、人は真の幸福が何かを理解しなくなった。自分の不幸を不成功と考える人間は憐れむべきである。努力型の成功主義者は、軌道をはずすことがないゆえに、俗物として完全である。近代の成功主義者は明瞭であるが個性ではない」**

三木は「幸福」を量的なものではなく、質的で人格的なものであると考えました。経済的な豊かさや社会的な成功だけが幸福ではない、というメッセージが伝わってきます。これは競争や業績ばかりを至上とする風潮へのアンチテーゼです。成功を客観的で外的な概念、幸福を主観的で内的な感覚、と言い換えることもできるでしょう。今の時代にも通じます。

企業は不祥事を起こせば、業績悪化などいろいろな影響を受けます。三木清風に言えば、いわば不成功です。新聞記者は一記者の軽微な犯罪でも報道される可能性が高い職業です。責任ある地位にあれば、多少でも不適切な行動は、社会で問題視される可能性があります。私は現役時代、「自分のやっている行為をテレビカメラが撮影していても適切と言えるか」と自問する心構えでいました。一定の自制は働きますが、不祥事を避けることを最優先した後ろ向きの対応とも言えるでしょう。幸福よりも不成功を避けるだけ、という状態です。企業倫理の問題は、そうしたレベルにとどまらず、組織や個人の幸福をどう考えるかという主観的・内的な価値も関わってきます。言い換えれば、規範力をどう確立し、維持するかだと考えます。

規範は、ある事を「すべき」または「すべきでない」とする基準で、かなり広い意味です。各国に伝承される各種の神話も「こうありたい」「こうあるべき」という規範を含んでいます。宗教もそうでしょう。キリスト教なら聖書は一種の規範です。その地域の歴史や文化に規定された規範もあるでしょう。国や組織、地域で語り継がれる「物語」も規範的な要素を含んでいます。社風や校風はこの類《たぐい》であり、好ましい内容ならより規範に近くなります。

企業倫理を論じる場合、法律を重視する考え方もあります。しかし法律は、現実に起きたトラブルを社会的に解決する最終手段であり、万能視してはならないでしょう。法律はすべて正しいわけではなく、トラブルを現実的に処理する手段に過ぎません。法律の解釈に固執して、関係する人や周辺の事情を考慮しない人を「法匪《ほうひ》」と言いますが、そうした発想では企業倫理は確立しないでしょう。

組織や個人はどうあるべきかという、根本的なところまで考えることが大切になります。気をつけなければならないことは、規範の多くは過去に依存していることです。場合によっては現状維持の保守的な内容になることがあります。将来に開かれたわくわくするようなメッセージ、心に染みとおるように腹落ちするメッセージ、社員が誇りを持ち鼓舞されるようなメッセージ。これらをどうつくるかが大きなカギですが、倫理確立でもっとも責任が重い人間はトップです。企業でも政治でも各種の組織でも同じです。「魚は頭から腐る」と言います。企業の場合、社長を中心としたトップは、意を尽くした言葉やすべてが納得する中庸的な行動で、規範を示さなければなりません。企業の規模にもよりますが、トップが経営を細かく管理するマイクロマネジメントに熱心では、企業の規範力は育たないでしょう。規範力があれば、業績にもいい影響が出るはずです。規範力を確立するには、組織も個人も目先の事象だけにこだわらない別空間が必要なことはここでも同じです。

# 第4章

# 自然と人間
## ——限界力を認める

自然と人間の関係は、人類が地球に登場して以降、常に大きなテーマでした。自然災害は古くから人類を悩ませてきました。核兵器の開発は、人類の存続に関わる問題として意識され、ChatGPTに始まる生成AI（人工知能）に同様の危うさを感じ取る向きもあります。最近の気候変動や地球温暖化の問題は、人類総体として初めて、存続への切迫感を感じている課題でしょう。世界はまがりなりにも二酸化炭素（$CO_2$）の排出削減に向けて動き出しています。人類がどうなるかはよくわかりませんが、自然と人間について深く考えることは、ビジネスパーソンにとって切実で必須の教養でしょう。その場合、自然に働きかける人間の考察が中心にならざるを得ません。

## ダーウィン紹介者・丘浅次郎の慧眼と警告

丘浅次郎（1868〜1944）という明治から戦前にかけて活躍した生物学者がいます。日本にダーウィンの進化論を広く紹介した人で、1904年に出版した『進化論講話』は、日本初の進化論の啓蒙書としてベストセラーになりました。丘は東京高等師範学校（現筑波大学）教授として、生物や進化論にとどまらず、人間の本質、教育のあり方、人間と自然の関係、戦争など幅広い社会評論活動を展開しました。戦前は論壇でも知られた存在で、思想家の大杉栄、哲学者の鶴見俊輔らが評価し、作家の司馬遼太郎（１９２３～１９９６）は文章力を絶賛しています。筑摩書房が１９７４年から刊行した全36巻の『近代日本思想体系』では自然科学者として唯一、１巻（第９巻）を割いて紹介されています。今は広く知られた存在ではありませんが、「人類は全盛を極めた他の動物と同様、全滅を免れない」という主張は、人間のあり方に鋭利な光彩を放っています。

私は丘と出身地がすぐ近くなので、丘の主な主張を２０２０年に『人間を考えるヒントダーウィン紹介者・丘浅次郎の知恵』（羽衣出版）にまとめました。丘は１９０９年に書かれた「人類の将来」という論文で、次のような要旨を展開しています。

**「人類が他の動物に比べて優れているのは、思考力や推理力を働かせる脳が発達し、自由自在に動かせる手を持ち、言語を有していることである。その結果、他の生物を上回る存在となったが、生物の歴史をみると、絶対優位の生物を滅亡させる要因は、その種族を勃興させた要因と同じである。人類社会は所有権が生じることで貧富の格差が生まれ、貨幣の登場によって金銭的な貧富で生存が決まるようになった。本来なら身体や精神の健全さで自然淘汰があるはずだが、中断された。自然淘汰が中断されると、退化に向かうのは生物学上動かせない事実だ。退化によってどんな影響があるかは研究すべき問題だが、性欲の低下や生活不安による晩婚化や少子化が予想される。生存競争が激しくなって不安が高まり、健康にも悪**

影響を与える。知力の向上は道徳に対する疑念を生む。社会を形作っている以上、協力が何より大切だが、協力の念が薄らいでいく。こうした動きがさらに進み、人類は他の動物同様、全滅は免れないだろう。もっとも地球上の生物はいずれ全滅すると言われている。その前に人類は滅びると予言できる」

1911年には「自然の復讐」という論文で、人類と自然の関係について次のように書き、自然の摂理を重視すべきだと警告しています。

「自然を征服したことは人類の最も誇りとするところである。しかし、自然は人類に征服されるだけで、人類に復讐することはないだろうか。自然には一定の理法があって、破るものは必ず罰せられる。例えば森林の樹木をすべて切ってしまえば、雨降りのたびに洪水になってしまう。自然の復讐の最も残酷なものは、人間社会の不条理に起因するものである。蒸気機関も水力発電も、後から見れば貧富の格差を激しくするため造られたかの観がある。多くの社会問題が起こったのは、人間が無謀に自然を征服して勝ち誇ったため、激しい復讐を被っているともいえる」

戦争については、1925年の「偽りの平和」という論文で、平和を望むが戦争はなくならないと断言しています。

「生物の生活に絶対の平和はありえない。瞬間の平和はあっても長く続くことは生物学上不可能である。私は主戦論者ではなく、戦争の悲惨さを痛切に感じている」

国家と個人の関係についても考察し、次のように書いています。

「国家間の戦争が始まれば、挙国一致となって個人間の競争は力を失う。平和な時代になると個人間の競争が激しくなって個人主義が盛んになる。個人主義が隆盛になると、国粋主義が台頭し、暴力を用いてこれを破ろうとする。国家と個人の関係は、振り子や海岸の波のように行ったり来たりする」

生物としての人間の行動を考える際、丘の論考は大変参考になります。

## 核とＡＩの光と影

丘が亡くなったのは１９４４年なので、翌年に広島と長崎に投下された原子爆弾は知りません。原爆の起源は、アインシュタインが、「$E=mc^2$」という特殊相対性理論から導いた式で、わずかな物質にも莫大なエネルギーが秘められていることを明らかにしたことです。アインシュタインはユダヤ人だったので、徹底してユダヤ人を差別するナチスドイツを恐れ、ドイツが原子爆弾を開発していると思い込みました。アメリカのフランクリン・ルーズベルト大統領に原爆開発を進言する手紙を書き、アメリカは「マンハッタン計画」で原爆を開発し、日本に投下しました。しかし戦後、ドイツは原爆開発をしていないことがわかったのです。アインシュタインの発見や思い込みがなければ、原爆はいまだに存在しなかったかもしれません。

戦後は平和利用の名目で原子力発電所が世界各地に建設されました。日本にとっての不幸は、２０１１年の東日本大震災による津波で福島第一原発が事故を起こし、周辺住民が避難を余儀なくされたことです。先祖伝来の土地を離れ、丹精込めて耕した田畑の表土は、除染ではぎとられました。２０２３年現在、いまだに戻れない地域があります。

２０２２年２月以降のロシアによるウクライナ侵攻では、原発が攻撃の対象になり、世界に恐怖を振りまきました。核分裂という自然の摂理を超える人間の行為は、人類の存続を脅《おびや》かす存在にもなっています。有機物を中心とした多くの物質は生態系の中で循環しますが、原子核分裂で生成された物質は有害で、文明社会の時間スケールでは循環しません。放射性廃棄物（核のゴミ）として地球上にたまり続けるだけです。日本政府は「電力不足は原発再稼働で解決する」と再稼働に動いています。目先のエネルギーを確保したいという思いからですが、自然の摂理を超えた原発は妥当かどうかという観点からも考えるべきです。

一方、核兵器は拡散する一方です。核保有国をアメリカ、ロシア、イギリス、フランス、中国に限る核不拡散条約（ＮＰＴ）があります。しかし、インド、パキスタン、北朝鮮、イスラエルなどが核保有国と見られ、イランなどでは核開発疑惑が取りざたされています。ロシアがウクライナに核兵器を使うのではないかという観測も広まりました。北朝鮮は核実験、核兵器を搭載するミサイル発射実験を繰り返し、日本の大きな脅威になっています。「核」は民生と軍事の両分野で人類に甚大な影響を与える存在になっています。

２０２３年以降に急浮上したのが生成ＡＩです。アメリカのOpenAI社が開発した「ChatGPT」は、マイクロソフト社と提携して本格的に社会に提供され、大きな関心を集めました。膨大なデータベースから人間が書いたような文章を練り上げる機能は、大きな驚きを与えました。公開情報から複雑な事象をまとめる能力は、ビジネスへの活用が有望視され、日本では「新技術は積極的に利用すべきだ」という声が高まっています。適切に使われる限り、生産性の向上に寄与することは間違いないでしょう。

しかし、社会にはいろいろな人がいます。悪意のある人間が悪用すれば、何が起きるかは予測できません。詐欺などの犯罪やプライバシー・著作権の侵害といった問題がすぐに考えつきますが、根源的には人間の意思決定のあり方を混乱させ、人間の知力を超えて独り歩きする危険性が指摘されています。これまでは個人の自律性を前提としてきましたが、ＡＩが人間の「こころ」を支配する可能性があると言われ始めています。工学の世界で「アライメント」という言葉あります。複数の事象を比較したり調整したりする意味ですが、ＡＩの世界では、開発者の目的とＡＩの目的を一致させる意味になります。ＡＩの知力はある地点で人間を上回り、暴走する恐れが警戒されています。生成ＡＩはさらに発展し、人間知性に対抗する「デジタル知性」として立ち現れてくる可能性もあるのです。自分が考えていると思ったことは、実はＡＩが考えているからかもしれない。何が何だかわからない、自分が自分かわからない。言葉にさえできないような世界が出現しかねないのです。

OpenAI社のサム・アルトマン最高経営責任者（ＣＥＯ）は、朝日新聞のインタビューで生成ＡＩの豊かな可能性を語る一方で、「戦争のツールに使われる可能性はある。そうなれば、かなり危険だ。人類が絶滅する可能性はゼロではないと思う。ゼロでない以上は対処する努力が必要だ。安全の国際的な枠組みが構築できるかにもかかっている」と語っています。最新技術の開発者は、政府の規制を嫌うのが一般的ですが、アルトマン氏は公的規制を積極的に求めているのです。

アメリカの非営利団体「センター・フォー・ＡＩセーフティー」は２０２３年5月、「ＡＩ技術が人類絶滅のリスクにつながる。疫病や核戦争と並ぶ社会規模のリスクで、優先的に対処すべきだ」として、科学者ら３５０人超が署名する書簡を発表しました。アルトマン氏も署名しています。開発者の警告は誠実かもしれませんが、恐ろしいことでもあります。

アメリカのマンハッタン計画を主導し、「原爆の父」と呼ばれたロバート・オッペンハイマー氏（１９０４〜67）は戦後、原爆の開発と投下を深く後悔しました。そして水素爆弾の開発に反対し、共産党系の集会に出たとして公職を追放されました。放射性物質は見えませんが、核の暴走は人間にも感知できます。しかし、生成ＡＩの暴走は感知できるかどうかもわかりません。だからといって、利用しないという選択もできません。生成ＡＩは、開発当事者を含む有識者が早くも警告を発する「両刃《もろは》の剣《つるぎ》」になっているのです。

「知力」は、人類を他の生物と区別する最大の要素ですが、常に正しい展望を持って発展したり、使われたりするわけではありません。知力やそれに端を発する技術は、独自で固有の法則によって発展していきます。動き出してしまうと、どうにも止まらない面があるのです。人間の意志や制御を超えていけば、暴走することになります。我々の住む社会はそうした原理を内包していることも知っておいた方がいいでしょう。

## 『映像の世紀　バタフライエフェクト』の示唆

１９９５年に始まったＮＨＫの『映像の世紀』は、映像が普及した20世紀以降の人類や人間のあり方を振り返る番組です。表の主役はこの世紀を生きてきた多くの人たちですが、陰の主役はナチスドイツを率いたアドルフ・ヒトラー（１８８９〜１９４５）と言っていいでしょう。
『映像の世紀』のテーマ曲は、異様な迫力と名状しがたい哀愁を帯びて迫ってきます。曲名は『パリは燃えているか』です。ナチスドイツは1939年9月のポーランド侵攻で第二次世界大戦を始め、1940年6月にフランスの首都パリを陥落させ、降伏に追い込みます。しかし1944年に入ると、連合国軍やレジスタンスの反撃で追い詰められ、ヒトラーは同年8月、パリを破壊して退却するよう命令を出します。ヒトラーが破壊したことを確認するため、電話を通じて言った言葉が「パリは燃えているか」でした。実際は、現地司令官がヒトラーの命令に背き、パリは幸運にも破壊されませんでした。司令官は「パリを救った人物」と賞賛され、映画にもなりました。

作曲した加古隆氏は、中日新聞のインタビューでこのように話しています。

**「20世紀は機械文明の世紀でした。映像を見ると、100年前は木をノコギリで切っていましたが、今は地球を破壊するくらいの力を持っています。（第二次世界大戦では、現地司令官が）ヒトラーの命令に背いたことで、素晴らしい文化や芸術の地で、豊かな生活を象徴するパリが残りました。曲名はそこに希望を見いだしたことからつけました」（2022年7月）**

ヒトラーは、ドイツ人の優秀さを喧伝《けんでん》し、ユダヤ人を徹底的に差別して大量虐殺に追い込みました。自国の障害者は優生思想によって安楽死させました。どれも自然の摂理や人類の理性に反する行為ですが、多くの人間がヒトラーに熱狂し、追随したことも歴史的事実であり、衝撃でした。日本とイタリアは日独伊三国同盟を結んだので、ヒトラーの味方でした。ヒトラーが起こした出来事には、人間を考えるうえで多くの教訓が含まれています。

『映像の世紀　バタフライエフェクト』は、２０２２年4月からシリーズで放映が始まりました。「バタフライエフェクト」とは、わずかな変化がその後に大きな変化を引き起こすことがあるという意味です。気象学者のエドワード・ローレンツ氏が１９７２年、「ブラジルの１匹のチョウの羽ばたきがアメリカのテキサスで竜巻を起こすか」と講演で話したのが始まりと言われています。番組は20世紀以降の歴史的な事象について、一見関係のないような出来事をつないでいきます。

初回は「モハメド・アリ　勇気の連鎖」でした。黒人でプロボクサーのチャンピオンになったアリの言動が、アメリカの公民権運動やベトナム戦争反対運動、メキシコ・オリンピックのアスリート2人が表彰台で示した人種差別への抗議、バラク・オバマ氏が大統領選挙に勝利して初の黒人大統領の誕生につながったとするストーリーです。オバマ氏は幼少期からアリの活躍に励まされ、最高の憧れとしていました。弁護士時代から執務室にアリの写真を掲げ、ホワイトハウスには本人から贈られたボクシンググローブを飾っていました。オバマ氏は大統領時代、オリンピックで抗議した2人を会合に呼んで「人々の目を覚まさせました」と讃えました。

番組では、あまり知られていない歴史的事象の連鎖が次々と紹介されます。社会の出来事がお互いに関係し、「世の中はすべてつながっている」という感を深くします。陰の主役であるヒトラーは、2人の人物との対比で2回登場します。一人は喜劇王チャールズ・チャップリン（1889〜1977）、もう一人は軍人で政治家のウィンストン・チャーチル（1874〜1965）です。ともにイギリス人で、第二次世界大戦が主な舞台です。

## 独裁者と喜劇王の因縁

第9回「ヒトラーVSチャップリン」は2022年6月、「終わりなき闘い」のサブタイトルで放映されました。2人はわずか4日違いの誕生日で、ひげの風貌も似ていましたが、「独裁・差別」と「笑い」というまったく違う武器で20世紀前半を彩りました。

激しく交差したのは、チャップリンが1940年に公開した映画『独裁者』です。前年9月、ヒトラーがポーランドに侵攻して第二次世界大戦が勃発した直後に撮影に入りました。チャップリンは以前からヒトラーの独裁的で差別的な体質を嫌悪していました。チャップリンは各国を訪れており、日本では1932年に5・15事件に遭遇しました。世界で軍部が台頭していることの危険性を敏感に感じていました。一方ヒトラーは、チャップリンをユダヤ人と信じ、平和主義者としての人気と政治的影響力を警戒していました。

『独裁者』の最後の演説は、映画史の中でも有名です。チャップリンは独裁者と理髪店主の一人二役を演じますが、店主が独裁者に間違われて、大勢の兵士を前に演説することになります。店主は意を決し、「民主主義のために団結しよう」と6分間も演説するのです。ここは映画を離れ、ヒューマニズムにあふれるチャップリン自身の叫びになっています。最後の場面には当初、兵士たちが踊るハッピーエンドも用意されていました。しかし、歴史的な演説で終わったのは、パリ陥落のニュースを聞き、危機感を高めたためです。

番組では後半に二つの逸話を紹介します。ヒトラーが死の直前、秘書に「ナチズムはもう終わりだ。だが100年後には新たなナチズムが誕生するだろう」と語ったこと。もう一つは戦後、チャップリンが映画『殺人狂時代』（1947年）で言い放った「一人殺せば悪党だが、100万人を殺せば英雄。数が殺人を正当化するのだ」というセリフです。核開発に突き進むアメリカ政府への批判と受け止められ、赤狩りの対象になってしまいます。拠点としていたアメリカから追放された時、チャップリンは「ナショナリズムの殉教者になるつもりはない」と語っています。その後、チャップリンの名誉は回復され、大統領、首相、独裁者のために死ぬつもりはない。1972年にハリウッドを訪問します。

最後はウクライナ紛争の映像と、「すべての映画はプロパガンダです。『独裁者』は民主主義のプロパガンダです」というチャップリンの言葉を紹介します。「独裁者と民主主義の終わりなき闘い」の構図がくっきりと浮かび上がってきます。丘浅次郎は「国家と個人の関係は、振り子や海岸の波のように行ったり来たりする」と書いていますが、「独裁者対民主主義」とも通底します。人間の本質は時代を超えても変わらないとも言えるでしょう。

## チャーチルとの対決

第43回「チャーチルVSヒトラー」は2023年7月に放映されました。2人の共通点を「好戦的な性格、かたくななまでの意志の強さ、演説の巧みさ」と指摘します。チャーチルは戦勝の宰相として名を残していますが、波乱の人生でした。第一次世界大戦では海軍大臣でしたが、作戦失敗で罷免されます。世界恐慌の時は財務大臣でしたが、無能と呼ばれて失脚します。一方、ヒトラーは世界恐慌の混乱に乗じて勢力を伸ばし、ドイツの首相に就任します。その後、ヒトラーの側近はドイツ旅行中のチャーチルにヒトラーとの会見を申し込み、チャーチルは快諾します。しかし、ヒトラーは直前になって「今は忙しいのだ」と拒否します。番組は「彼と何を話せばいいのかねと言い訳を始めた。彼は政治的能力が自分と同等だとわかっている人物と会うことに怯えていたのだ。私はヒトラーが勇気を持たないことを悔やんだ」という側近の回顧を紹介しています。

１９３８年、ヒトラーがチェコスロバキアのズデーテン地方の割譲を要求し、イギリスのチェンバレン首相が仲介して割譲を認める宥和《ゆうわ》外交を展開すると、チャーチルは激しく批判します。翌年、ヒトラーがポーランドに侵攻して第二次世界大戦が始まると、国民はチャーチル首相を待望し、１９４０年5月に野心と活力に富んだ首相が誕生します。

チャーチルはこの時、「我々は海岸で戦う。上陸地点で戦う。平原と街路で戦う。そして高地で戦う。我々は決して降伏しない」と演説し、国民を鼓舞します。ヒトラーはイギリスに和平を訴えますが、チャーチルは拒否します。ロンドン空爆に耐え、英米軍を中心とした１９４４年6月のノルマンディー上陸で形勢を逆転させ、連合国軍を勝利に導きます。しかし、日米がまだ戦っていた１９４５年7月の総選挙で、チャーチルの保守党は労働党に予想外の敗北を喫し、首相の座を降ります。

イギリス人がこの頃発揮した先見性は、見習うべきものがあると感じます。番組では触れていませんでしたが、チャーチルがヒトラーに強い警戒心を抱くきっかけは、１９２５年に出版された『わが闘争』です。異常とも思える激しいユダヤ人差別の主張を繰り広げていますが、チャーチルはいち早くこの本を読み、ヒトラーの危険性を見抜きました。

チャーチルは戦後にノーベル文学賞を受賞した『第二次世界大戦』で、『わが闘争』について次のように分析しています。

**「主要テーゼは簡単である。人間は闘う動物である。国家は戦闘単位である。闘うことを中止するなら国家も民族も滅亡する。ユダヤ人はその普遍妥当性のために平和主義者であり、国際主義者である。平和主義は大罪である。民族の降伏を意味するからである」**

世界がもっと早くヒトラーの危険性に気づいていれば、戦争は避けられたと見ているのです。チャップリンもヒトラーの体質を早くから嫌悪し、「民主主義の旗」を掲げていました。当時のイギリスがチャップリンやチャーチルという人物を生んだ底力に感嘆せざるを得ません。一方、戦争が終わればチャーチルを見限るイギリス人のドライな知恵も見逃せません。戦時宰相としての資質を見抜いて首相に据え、役割を終えたと判断すれば、さっさと福祉国家へと向かうしたたかな賢慮があるように感じます。

番組では最後に、ウクライナのゼレンスキー大統領が登場します。イギリス議会向けにオンラインで「イギリスがすでに聞いたことがある言葉を思い出してもらいたい。いかなる犠牲を払っても我々は祖国を守る。我々は森で戦う。平原で、海岸で戦う。都市や村で戦う。街路で、そして高地で戦う。我々は決して降伏しない」と、チャーチルにちなんだ演説をしたことを伝えます。

『映像の世紀』はかなりの割合で戦争を取り上げています。人類と戦争は切っても切れません。戦争は人間破壊であり、武器のエスカレートを考えれば、今や最大の自然破壊ということも忘れてはならないでしょう。

## 文学・小説の価値

本章は「自然と人間」がテーマですが、多くは「人類」や「人間」について書いています。自然は、地球が誕生してから46億年、独自に進化してきました。生物はそれに対応して栄枯盛衰を繰り返し、今は人間が大きな影響力を持ち、地質学の時代区分で「人新世《ひとしんせい》」という名称も提唱されています。人類の活動によって、気候変動、生物多様性の喪失、化石燃料や核実験による堆積物の変化があるためです。そう考えると、「人間」に対する考察をさらに深めることが、自然との関係を考えるうえで重要になってきます。

「人間」を考える場合、文学の持つ価値は大変大きいと感じます。自然科学や社会科学ではカバーし切れない、人間の心理や精神や行動と格闘し続けているからです。「知の巨人」と言われたジャーナリストの立花隆氏（１９４０～２０２１）は文学について、「世の中いろいろあらーなとわかる」という趣旨の発言をしていました。世の中の常識や規範を超えて、何でもあるのが文学、小説の世界です。

多くの小説家の中から、ここでは井伏鱒二（1898～1993）に触れたいと思います。今の広島県福山市に生まれ、原爆が投下された後の広島の人々の様子を描いた『黒い雨』（1966年）を執筆し、「常民」とも呼ばれる市井《しせい》の人々を日本人作家としては稀有《けう》なユーモアを持って描いたからです。

幅広い評論活動を展開した加藤周一氏（1919～2008）は、『日本文学史序説　下』（1980年、筑摩書房）で、「常民」について、深く言及しています。「常民」という言葉は、民俗学者の柳田国男がよく使った言葉ですが、加藤氏は次のように書いています。

「井伏の小説にしばしば登場する人物は、村の人々、農民や漁民、猟師や隠居、医者や巡査やバスの車掌だった。常民は時代が変わっても常に自分自身である者に他ならない。時代の変化に順応し、権力によって操作されるが、先走らず、波に乗らず、その中核においては容易に変わろうとしない」「情のもろさと狡猾さが同居していて、批判的精神に至らない。権力に対しては従順さと反感があって、反抗には及ばない。迷信や習慣に縛られているが、実際的な損得の打算に素早く、生活上の工夫において聡明である。悲惨な事態に対しては、あきらめる能力が無限にあって、村の外部の社会については何も知らず、内部の構造と機能についてはすべてを心得ている」

序章で中学生の頃に山田洋次監督が涙したおでん屋のおばさんは、こうした常民の典型ではないでしょうか。柳田はこれら常民を観察し記録しようとしましたが、井伏は同じ対象を共感と批判を持って、さらに共感と批判が生み出したと思われる独特の「ユーモア」を交えて実に見事に描き出した、と加藤氏は評しています。加藤氏らしい周到な分析と表現です。

井伏は、国語の教科書にも採用された『山椒魚』（１９２９年）で成長しすぎて棲家《すみか》から出られなくなった山椒魚の嘆きを描き、『多甚古村』（１９３９年）では駐在巡査の目を通した村の平凡な生活を描きました。『遥拝隊長』（１９５０年）では復員した元陸軍中尉の奇行を題材にしています。加藤は「常民の世界を微妙に書き切った小説家はおらず、まったく独創的だった」と評価しています。

独創性の背景にある要素は何でしょうか。加藤氏は、井伏が地主の次男で、マルクス主義文学運動に巻き込まれず、軍国主義に順応したが戦争宣伝のお先棒を担ぐことはせず、敗戦後に政治制度や風俗が変わっても自分の世界を変えようとしなかったと指摘しています。ユーモアについて他の作家と比較し、「芥川龍之介以上であり、横光利一や川端康成のような都会の文学者にはなく、長塚節のように農村を描いた作家にもまったく欠けていた」と批評しています。

井伏の資質は、世の中に絶対的なものはなく、すべてを相対的に見る能力にあったと言えるでしょう。井伏は地主の次男で、村の生活の表裏に精通し、彼自身、恐らく常民そのものでした。上京して早稲田大学や日本美術学校に通い、村社会や常民を見つめ直すことで、独特の感性が養われたのではないでしょうか。「外国人と比べて日本人はユーモアが足りない」という声を聞きますが、チャップリンの映画『独裁者』のように、ユーモアはメッセージを広く巧みに伝えるという意味で、大変重要です。

『黒い雨』は、井伏のそれまでの作品と比べると異色です。加藤氏は「広島県の農村・漁村の内側で外部からの影響に抵抗しながら生きる人々を描いてきた作家は、外部から広島に押し入った力、すなわち原子爆弾とその衝撃の意味を、広島の人井伏は、彼自身の世界を完結するためにも、描かなければならなかったろう」と書いています。日本研究者のドナルド・キーン氏（1922~2019）は『日本文学史』（2013年、中公文庫）で「井伏の初期の作品からは『黒い雨』の迫力をうかがわせるものは何もない」と評しています。出生地の福山から離れているとはいえ、同じ広島県に落ちた原子爆弾の惨劇は、常民を深く知る井伏を内側から突き動かしたのでしょう。

『黒い雨』は、原爆投下後の広島とその後の出来事を罹災者の日記に基づいて書き上げた作品です。主人公である被爆者の姪に、投下の5年後、縁談が持ち上がりますが、原爆症の症状が出始め、結局破談になることが主旋律で、原爆投下後の広島の様子を詳しく書いています。タイトルの「黒い雨」というのは、放射性物質を含んだ雨で、直接被曝していなくても雨に触れれば、原爆症になってしまう現実を示しています。

キーン氏は、『黒い雨』を次のように評価しています。

「井伏は日常の人間性の世界で原爆をとらえたと言っていい。例えばそれは闇屋の女、充田タカの死である。工場の炊事場にあさりやザコを売りに来て細々と生計を立てているこの女の死は、そこに込められた井伏の想いによって一種厳粛な死に高められている。同時に生きている間も気に留められなかった女が、死んで無数の死者の一人になったと言っている」

「井伏は広島の異常ともいえる悲劇を、初期の作品を思わせる井伏的手法できめ細かく、驚くべき規模で我々の前に繰り広げて見せてくれた」「原爆を扱った多くの作品とはうってかわって、『黒い雨』は終始揺るがぬ低音で語られていて、しかも井伏は現実に起こった恐怖の事実に対して決して目をふさいでいるわけではない。日常を日常と見る平静で淡々とした筆致を忍耐強く持ち続けることで、この小説に真の文学作品としての価値を与えたのだった」

井伏の筆力は、国を超えて原爆の恐ろしさを伝える力を持ち、人間を考えさせるきっかけを持っていたと言えるでしょう。

## 市井の常民の重さ

人間は多面的な要素を持っています。私は入社3年目の時、新潟県政と教育担当となり、週に1回の教育のページを書く仕事を任されました。毎週書くのはなかなか大変でした。支局の近くに少年鑑別所があったので、飛び込みで所長に面会を申し込み、「少年たちの声を取材できないでしょうか」とお願いしてみました。無理だと思いましたが、答えは意外なことに「OK」でした。取材した時、鑑別所の教官が少年たちに「誰でも心の中には、いい自分と悪い自分がいる。皆さんは残念ながら、悪い自分が出てしまった。これからは、いい自分が出るように心がけてください」と語りました。「その通りだな」と今でも強く印象に残っています。

人間が自然と向き合う時、自然と共存しようと思うか、自然を征服しようと思うかは大きな違いです。共存しようと考えたとしても、行動が本当に共存的かどうかを吟味する必要があります。人間は多面的ですから、よりよい側面が出るようにしなければいけません。特に指導者の振る舞いは大きな影響力を持ちます。大企業も同様です。

人間の数としての多数派は、常に市井の人たち、常民と言えるでしょう。「数は力」という面がありますから、まとまれば大きな影響力を持っています。政府など公共的な機関や企業が、社会課題の解決を図ったり、ビジネスに取り組んだりする時、常に市井の常民たちの心理をくみ取らなければなりません。特に指導者は意を用いなければなりません。企業は利幅が大きいと言って富裕層ビジネスに傾くことがありますが、その可能性と限界は常に念頭に置かなければならないでしょう。

神戸市にある灘中学校・灘高等学校は、難関大学に大勢の合格者を出し、卒業生が各界の指導者にいます。現校長の海《かい》保《ほ》雅一《まさかず》先生は、「子供に薦める1冊」を特集した『プレジデント Family』（2023年夏号）で、次のように語っています。

**「『人間は自然の一部であることを忘れてはいけません』。これは、灘中新1年生の1学期の道徳で、私が生徒に必ず伝える言葉です。私が薦める一冊は、自然を愛する写真家・今森光彦さんの『光の田園物語　環境農家への道』（クレヴィス）です。今森さんが農家となり、荒れ果てた土地を里山として蘇らせる過程を写真と文でつづっています。里山は持続可能な環境の理想形とされています。里山再生の過程を美しい写真で伝えることで、人間は自然の一部であることを教えてくれます」**

海保先生は、都市部の子どもが自然に触れる機会がないことを心配しています。自然を知ることは、人間の存在を知ることであり、謙虚になって構想力を育むことにもなるはずです。

人は賢くもあり、愚かでもあります。愚かであり続ければ、人類は存亡の危機に立たされるという時代認識も必要でしょう。人類はナイアガラの滝に向かっているのか、反対側の穏やかなエリー湖に向かっているのか。

アメリカの思想家で発明家のバックミンスター・フラー(1895〜1983)が、1963年に提唱した「宇宙船地球号」という言葉があります。フラーはアップル創業者スティーブ・ジョブズに大きな影響を与え、『映像の世紀　バタフライエフェクト』は第24回「世界を変えた〝愚か者〟　フラーとジョブズ」として取り上げました。ジョブズ氏がスタンフォード大学の卒業式で残した有名な言葉「ステイ・ハングリー、ステイ・フーリッシュ」は、フラーの本からの引用だったことを紹介しています。

人類は運命共同体なのです。最近では人類の痕跡が地質に残っているとして、「人新世」という新たな地質世代が提唱されています。人新世は産業革命で化石燃料を大量に燃やすようになった18世紀末から始まったという説があります。1940年代後半からプルトニウムなど核実験による放射性物質、1950年代以降は化石燃料を大量に燃やすことで生まれるブラックカーボン(すす)が急増していることがわかっています。過去の地質年代は巨大隕石の衝突や地殻変動でもたらされましたが、今は人類の影響がかつてなく大きくなっているのです。

現代は人類によって「第6の大量絶滅」が起きているという指摘もあります。人類は自制的に振る舞う必要があります。ビジネスパーソンが「自然と人間」を考える空間を脳の中に持っておくことは、人類の限界を真正面から認めることです。そのうえで、自然と人間の新たな共存に向けた構想を練り上げることが非常に大切になります。

# 第5章

# 東洋と西洋

## ——構想力を鍛える

東洋と西洋は、自然や歴史の違いを背景として、文化や思想、価値観など様々な要素で異なっています。一般的には次のようにまとめることができます。

東洋の文化は、仏教、道教、儒教、神道などが広く根付いています。西洋では、キリスト教を中心にした宗教的・哲学的伝統が主流です。東洋の社会や価値観は、家族や共同体の結びつきが強調され、自己の抑制、謙虚さ、継続的な変化への適応などが重視される傾向にあります。西洋では個人の自己実現や個人の権利、自己主張、競争、自由な意思決定、進歩や革新などが重視される傾向があります。歴史的背景として、東洋は古代中国や古代インドの文明の発展に根差した長い歴史があります。西洋は古代ギリシャ、ローマ文明や中世のヨーロッパの影響を受けています。産業革命以降、西洋の優位を決定付けたのは、科学技術の発展の差でしょう。西洋は近代科学と技術の発展で画期的かつ指導的な役割を果たし、現在までの工業化や情報化に大きな影響を与えました。東洋は西洋の科学に追随し、社会や生活に取り入れてきました。

精神的な面をもう少し考えてみると、東洋の思想は統合と調和を重視すると言えるでしょう。仏教や道教の教えでは、相反する要素の統一や自然との調和を追求する考え方があります。内省《ないせい》や瞑想も特徴です。個人の内面への探求や静かな環境による精神の安定を大切にし、瞬間への意識に焦点をあてることも特徴です。マインドフルネスや禅の実践に代表されるように、「今、この瞬間」に意識を集中しようとします。

西洋では個人の成長を重視すると言えるでしょう。能力の実現や達成を追求し、個人の目標や幸福に重きを置きます。科学や哲学では、論理的な思考や論証、分析を大切にし、事実や理性に基づく考え方が支持される傾向が強くなっています。科学や技術の発展を通じた社会の進歩や改善を追い求め、新しいイデオロギーやアプローチを重視する傾向も特徴です。

これらは一般論として言える傾向で、時代や地域、状況、個人によって差があるのは当然です。

## 梅原猛の東洋・西洋観

日本人で東洋と西洋の違いを深く考えた人に、哲学者で評論家の梅原猛氏（１９２５～２０１９）がいます。東西の哲学や宗教に通じ、40歳以降に膨大な著作を残しました。『古事記』や法隆寺などの解釈で独自の見解を示し、「梅原日本学」とも言われました。スーパー歌舞伎を創作するなど多彩な活動もしました。梅原氏は２０１３年、『人類哲学序説』という題の岩波新書を出版しました。

書き出しで「哲学とは『人間をどう生きるべきか』を自分の言葉で語るもの。人類哲学というものは、いままで誰にも語られたことがありません。人類ではじめて、私が人類哲学をかたるのです」と書いています。この気宇壮大な心意気が梅原氏の魅力でしょう。戦前の西田幾多郎《きたろう》、田辺元《はじめ》、和辻哲郎、九鬼周造らの名前をあげて、自分の哲学を自分の言葉で語った人たちと紹介していますが、戦後は「自分の思想を自分の言葉で語る哲学者はいなくなり、西洋哲学を研究し紹介することが哲学だとする風潮が支配的になった」と嘆いています。今の日本の経営者に欠けている資質も似たような面があるのではないでしょうか。梅原氏のように、人に何と言われようと自分を貫く度量があればと思います。まずは梅原氏の本に沿って、東洋と西洋を考えたいと思います。

梅原氏は日本文化の原理を解くキーワードに「草木国土悉皆成仏《そうもくこくどしっかいじょうぶつ》」をあげます。平安時代末期に完成された天台本覚《ほんがく》思想の言葉です。完成者は「比叡山中興の祖」と言われる良源《りょうげん》で、最澄が創始し法華経を経典とする天台宗と、空海が創始したインドに起源を持つ真言宗が合体した思想と言います。

天台宗はすべての人間は仏になれる性質「仏性《ぶっしょう》」を持っていると説きます。真言宗は、すべての草木は仏性を持ち成仏できると教えます。生きているものの中心として植物を考え、国土までも成仏できると考えます。国土も生きていると考えることは、地球は動いている、だから地震が起きるという理屈になります。天台本覚思想は鎌倉仏教の共通の前提で、鎌倉仏教はそれまでの国家仏教から民衆の仏教になり、今に続いているので、日本仏教の根本思想と考えられます。仏教発祥のインドにはない思想です。

鎌倉仏教以前からある神道は、日本の伝統思想と言えますが、同じ流れになったと考えられます。縄文時代は狩猟採集の時代で、「アニミズム」の文化です。アニミズムは、イギリスの人類学者エドワード・B・タイラー（１８３２〜１９１７）が著書『原始文化』（１８７１年）で定着させた言葉ですが、自然には霊があって生きていると考え、そうした霊的存在を信仰する文化で、世界共通と考えられています。日本では神道として発展し、山の神や海の神や雷の神などがいて大きな力を持っていると考えます。自然の力を備えた神を祀ることで、味方になって守ってくれるという多神教です。

## デカルトの偉業

原始文化は東洋も西洋もアニミズムで変わらないはずでしたが、中世に大きく変化します。西洋哲学を劇的に変化させた人物として梅原氏は、ルネ・デカルト（１５９６〜１６５０）を省察します。デカルトはフランス生まれの哲学者で、「近代哲学の父」と言われます。「われ思う、ゆえにわれあり」（ラテン語で「コギト・エルゴ・スム」）が有名です。

梅原氏は、デカルトがその後の科学技術文明を理論的に基礎付け、現代に大きな恩恵をもたらしたが、人類に必ずしも幸福な未来を約束していない、としています。最近の地球環境の破壊や広島と長崎に投下された原子爆弾、東日本大震災で事故を起こした原子力発電所の事例をあげ、「科学技術文明を全面的に肯定するわけにはいきません」と書いています。

梅原氏はデカルトの代表的著作である『方法序説』を詳しく検討します。デカルトは「学校でたくさん学んだが、一つとして確実なものはなかった」と言い、ドイツのウルムというドナウ川沿いの街に滞在した一室で思索にふけり、学問の新しい方法を見つけたとして書いたのが、この本です。哲学史上有名な「炉部屋の思索」と言われています。当時、学者の書く本はラテン語が常識でしたが、フランス語で書きました。多くの人に読んで欲しいという気持ちがあったのでしょう。

学問の方法として4つの規則をあげています。第一は「明晰の規則」で、まったく疑いがない、明証的にまったく間違いがないということ以外は真実と認めない、ということです。明晰判然たる原則の上に立って、論を進めよということです。第二は「分析の規則」で、研究する問題をできる限り多く、細かく部分に分割して分析することです。第三は「総合の規則」で、最も単純で容易なものから始めて複雑なものへと考えを進め、お互いの関係を仮定しながら順序立てていくことです。第四は「枚挙の規則」で、見落としがないように一つひとつ完全に検討していくことです。学問の方法はソクラテス（紀元前４７０頃～前３９９）が考えていましたが、中世ではそうした本はなく、大変独自性のある書物でした。

確かにその後の科学技術はデカルトの方法を採用しながら発展したと言えるでしょう。経営学の世界でもこの規則がしっかり適用されていると気がつきます。経営戦略や課題解決を考える場合、「それって本当？」と偏見を除去して客観的な事実ベースで考え、問題を分解して細かく分析し、最後は戦略や打ち手に統合させていく。その際、「漏れとだぶりはないか」とＭＥＣＥ（ミーシー＝Mutually Exclusive, Collectively Exhaustive）という思考方法で詰めていく。ＭＢＡの科目で教えていることです。梅原氏は疑うことなどの重要性を指摘したデカルトを評価しつつ、後で述べるように機械的すぎると考えています。ＭＢＡ的な経営手法は大いに参考にすべきですが、過信すると人間の要素を排除して機械的になるということも忘れてはならないでしょう。

## デカルトの限界を超える

梅原氏はデカルトについて、さらに省察を深めます。デカルトは信頼できる確実な知識や学問を探求しましたが、注目したのが数学です。古典数学と代数学を組み合わせて新しい解析幾何学を考案します。数学はそれまで不確実な面がありましたが、しっかりした学問になります。デカルトは、自然はそうした機械的な数式で表現される法則で明らかになると考えました。自然はそれまで神と関係した存在でしたが、人間によって解明できる存在に変わったのです。

梅原氏は、イギリスの歴史学者アーノルド・トインビー（１８８９〜１９７５）の主張とデカルトの関係を考えます。トインビーは「ヨーロッパの父文明はギリシャ文明であり、母文明はユダヤ文明である」と言いました。西洋近代文明は、ギリシャ哲学とキリスト教が源流であり、この二つの思想で成り立っているという意味です。

一方、「われ思う、ゆえにわれあり」という言葉は、人間の精神を肉体から離れさせたことになります。梅原氏は精神と物体の二元論は、ギリシャ哲学にもキリスト教にもなく、伝統から大きく超越しているとデカルトの特殊性を強調します。

梅原氏は次にデカルトの「自然世界の概念」を議論の俎上《そじょう》に載せます。日本では、精神は「心」、肉体は「身」と表し、心身は不可分と考えられています。しかしデカルトは、自然は数式によって表現された法則で機械的に把握できると考えました。それが科学や技術、医学などの発展に大きく寄与したことは事実です。自然は征服しがたいが、自然科学の発展で人間に征服されるだろうとデカルトは言いました。

梅原氏は「自然は生きていると強く思う。人間、動物、植物、あるいは地球も生きている。命の世界を単なる自然科学的法則に従う物質世界とみなしてよいのか」と疑問を呈します。

**「デカルト哲学のおかげで人類は自然を征服することができた、と言っていいでしょう。しかし、征服した今、その征服がやがて人類を滅ぼす危険性を持っていることが明らかになってきたのです」**

このように強調し、生きるものが共存する人類哲学こそが「草木国土悉皆成仏」の思想であるとしています。

梅原氏の思考にどこまで賛同するかは個人の自由ですが、東洋と西洋の違いについて、鋭い示唆を与えていることは間違いありません。「知は力なり」という西洋の思考は、産業革命を起こし、アヘン戦争で当時の清を弱体化させ、明治維新後の日本に文明開化をもたらしました。「自由と民主主義」という政治思考も西洋文明の産物であり、西洋優位が戦後の大きな潮流であったことは間違いありません。しかし今、世界史的な地殻変動が起きています。

## 中国の台頭とアメリカとの対立

現在の世界秩序を規定している最大の要因は、中国とアメリカの対立です。東洋と西洋の対立という見方もできますが、覇権交代も重なっているように見えます。

戦争学が専門のケンブリッジ大学リチャード・N・レボー教授はこう述べています。

**「軍事力の増強に力を入れる新興国は、大国の仲間入りを望んでいるのです。強くて尊敬される国になりたいと思っているのです。しかし軍備の増強は国際紛争の大きな要因になります。メディアやアナリストは戦争の主な原因として、安全保障や経済について語ることが非常に多いのですが、本当は認められたいという承認欲求、国家の威信が紛争の原因なのです。現在のアメリカと中国の対立を見るとよくわかります。経済的には両国の利害は重なり、安全保障を直接脅かすようなことはありません。対立の根源は両国がナンバーワンになりたいと思っていて、相手に嫉妬していることなのです」**（NHK　2023年2月25日放映『ロシア　衝突の源流』）

米中対立は、大変多層的で、歴史を踏まえて理解する必要があります。中国と西洋の出合いで欠かせないのが、先ほども触れた18世紀以降のアヘンです。当時の清は自給自足の国で、西洋との貿易は不必要だと考えていました。インドを植民地にしたイギリスは、清のお茶を輸入する代わりにインド産アヘンの輸出を企て、成功します。清は有害なアヘンの輸入を禁止しましたが、アヘン戦争に敗れて１８４２年の南京条約で香港の割譲やキリスト教宣教師の活動を認めざるを得なくなりました。東洋の中心だった清は没落し、１８９４年の日清戦争で日本に敗れます。アメリカの宣教師や商人が中国に進出し、列強にも割譲されて中国は植民地化します。

第二次世界大戦で中国は戦勝国になりますが、内戦が勃発し、共産党が政権を握ります。アメリカはソ連と中国を敵視しましたが、１９７２年のニクソン大統領の訪中をきっかけに関係を改善し、１９７９年に国交を回復します。アメリカはソ連との対立を念頭に中国に協力しました。中国はアメリカの支援も受けて２００１年、世界貿易機関（ＷＴＯ）に加盟します。アメリカには「中国は豊かになれば民主化が進む」という期待があり、中国もめざましい経済発展を遂げます。

風向きが変わり始めたのが、２００８年のリーマン・ショックです。中国は経済危機からいち早く脱し、大規模な財政出動で世界経済の安定に寄与します。軍事力も増強して周辺国への圧力を強めます。アヘン戦争以降の屈辱を晴らし、かつての栄光を取り戻したい思いが底流にあります。

「アメリカ第一」を掲げるトランプ大統領が就任すると、アメリカは知的財産権の侵害を理由に関税を引き上げ、中国も報復措置を発動する貿易戦争になります。アメリカ国内では、安全保障や技術覇権、人権問題や台湾に対する中国の脅威を問題視する声が強く、バイデン大統領になっても基本的に同じ路線を踏襲しています。「権威国家対民主主義」という価値観の違いも強調されます。

中国の習近平国家主席は2023年3月から異例の3期目に入り、一歩も引かない構えです。巨大力士同士ががっぷり四つに組む構図で、主に西側経済の世界では中国経済を切り離す「デカップリング」、リスクを軽減する「デリスキング」という言葉が飛び交っています。地理と政治を統合して考える「地政学」も流行語です。中国に対するスタンスについて、欧州各国ではそれぞれに違いがありますが、同盟関係を重視する日本はアメリカと極めて近い立場を取っています。中国による台湾への武力侵攻が取りざたされ、米国との共同歩調によって巻き込まれる恐れがあるとして、日本は軍事力の強化を図っています。ロシアのウクライナ侵攻が中国脅威論に拍車をかけています。

## 米中対立を相対化する

米中対立は今の世界秩序を規定すると書きました。企業は様々な影響を避けられないでしょうから、相応の備えをする必要があります。しかし、両国の対立がずっと続くと考えたり、絶対的なものであると認識したりするのは適切ではないでしょう。国と国との関係は長い間に変化します。最後は人間と人間との関係です。万物は流転します。米中の関係もここ２００年で揺れ動きました。

日本と中国の戦争の歴史を考える必要もあります。両国の戦争は過去４回あります。①白《はく》村江《そんこう》の戦い（６６３年）、②元寇（１２７４年、81年）、③日清戦争（１８９４年）、④日中戦争（１９３７～45年）です。いくつかの教訓があります。

第一は日中対決というより、第三国が関係した戦争ということです。①は新羅（朝鮮）、②は南宋、③は朝鮮の利権が関係していました。④は日本の侵略行為でした。現在の台湾有事は、米国抜きには語れません。日中間は単純な2国間対立ではなく、複雑な様相を持っているという認識が必要です。

第二は圧倒的多数を占める漢民族との対立は少ないということです。①は漢民族ですが、②はモンゴル、③は満州族です。漢民族は北方民族の侵入をたびたび受けていますが、領土的な拡張志向は強くありません。アヘン戦争まで、日本にとって中国はお手本とする先進国でしたが、日清戦争後に侮蔑の対象へと変わりました。中国から見れば、アヘン戦争以降の屈辱を清算したい思いは強いわけですが、その手段として漢民族が「武」で戦うか、「文」を使うか、見極めが必要です。

国家と社会を分けて考える視点も重要です。習近平氏は国家主席3期目に入り、強権的な一強に見えますが、「独裁のジレンマ」も抱えます。イエスマンをそろえた側近への猜疑心《さいぎ》が生まれ、独裁を揺るがすという教えです。人口減もあって停滞が見込まれる経済運営は、統治の試金石になります。国民生活が揺らげば、民衆の不満を強権的に抑えることはできないでしょう。

中国には米国への留学経験者が日本より多く、彼ら・彼女らは日本人の平均的感覚と変わらないと言われています。知識人を中心に国民は、習政権を心からは支持していないと見ていいでしょう。中国には、王朝交代は天の意志だと肯定する「易姓《えきせい》革命」の考え方が根強くあります。広大な大地と14億の民を抱える中国人の意識は、日本人とは異なると考えた方がいいでしょう。統治は容易ではなく、内政が最優先され、日本や米国との関係を軽率に荒立てたいとは思っていないと見るのが妥当でしょう。

日中が戦争になるほど対立して、得をする人がいるでしょうか。両国や台湾、日本の経済や国民生活は大混乱するでしょう。死者も避けられません。日本の自衛隊や一般国民も例外ではありません。米中は核兵器を持っています。得をするのは軍需産業以外に考えられません。

## かけがえのない民間交流

日本人が思う以上に中国は多元的です。日本側にも多元的な視点が必要になります。その前提で両国関係を適切に管理する官民の知恵と努力が必要と言えます。特に民間同士の交流は何よりも大切です。

松本亀次郎（１８６６〜１９４５）という名前をご存じでしょうか。この亀次郎と、日中国交回復時の首相だった周恩来《しゅうおんらい》の交遊を紹介します。国の交わりは、人の交流によって支えられていることがわかります。

亀次郎は、今の静岡県掛川市で生まれ、日本各地で教鞭をとりました。柔道家で教育者の嘉納治五郎に招かれ、魯迅《ろじん》や周恩来ら中国人留学生に日本語を教えました。日清戦争で日本が勝った後、中国人は日本でさげすまれるような存在になりましたが、亀次郎は一教育者として「留学生はいずれ中国の指導者になる」と温かく接しました。特段の政治的意図はありませんでした。

亀次郎は両国の親善を図る条件について、「日本の政治家の中国に対する方針・政策は一定でなければならない。日本の一般家庭は、留学生と歓談する機会をつくって欲しい。留学生は慣れない外国で苦労している。両国の一般国民は広い心を持ち、政治・経済の紛争に惑わされることなく、親しみを持ち続けて欲しい。留学生は日本研究をして欲しい」と述べています。

周恩来は日本との国交回復の立役者でした。田中角栄首相が訪中した1972年の歓迎宴で日中戦争に触れ、「前の事を忘れることなく、後の戒めにする」と述べました。「前事不忘、後事之師」という『史記』にある一文を引用したものです。田中首相は「過去に迷惑をかけた」と返しましたが、中国側は「迷惑では軽すぎる」と強く反発しました。「過去を水に流す」のが日本人の習性で、記録を大切にする漢民族には通じない、とも指摘されます。田中と周や両国外相らの努力で何とか調整し、日中共同声明の調印にこぎつけました。田中に会った毛沢東主席が「喧嘩はもうすみましたか。喧嘩は避けられないものですよ」と述べたのは、有名な逸話です。

周は亀次郎の恩を忘れていませんでした。亀次郎の死後、中国で遺徳をたたえる声が出始めました。天津市にある周恩来の記念館と亀次郎の生地が交流します。2019年には2人が握手する蠟人形が記念館から掛川市に贈られ、図書館に展示されました。

周は懐の深い政治家でした。将来を冷徹に判断し、周到な準備で、米国や日本との国交を回復しました。共産党イデオロギーにとらわれず、権力闘争で失脚した人の家族も穏便に遇しました。一強と言われる習近平主席の頭の中は、よくわかりません。しかし、「口喧嘩はしても暴力沙汰にしないこと」が、日中一般国民の利益であることは間違いありません。蠟人形はそう呼びかけているように見えます。

## 習近平主席の脳髄を探る

経営学で「ダイナミック・ケイパビリティ」という言葉があります。急激な変化に対応して自己革新するという意味で、アメリカのカリフォルニア大学バークレー校のデビッド・ティース教授が提唱しました。ティース教授は『日経ビジネス』（2023年6月19日号）のインタビューで次のように話しています。

**「リスクマネジメントの概念を再定義する必要がある。リスクマネジメントは長期的なもので、確率を計算できる。不確実性は今まで起きたことがないから計算できない。『不確実性マネジメント』と書き換えた方がいい。シナリオプランニングを始め、これから起きそうな問題を本気で把握することに努めたほうがいい」**

そして世界の不確実性はたった一人、習近平氏が原因だとしています。不確実性の原因は中国ではなく習氏と強調します。

2023年5月21日放映の『NHKスペシャル「国家主席　習近平」』は、その素顔に迫ろうとしています。習氏の言葉を収録した演説集など約40年の資料300点を分析したそうです。いくつかの顔があります。父は副首相でエリート一家でしたが、文化大革命で批判の対象になりました。中学生だった習氏自身、糾弾され、厳しい環境で暮らし、病気になるほどの迫害を受けます。混乱と不安定を恐怖する深層心理が形成されます。

地方で労働する下放《かほう》に出され、貧困を目の当たりにします。20歳で共産党に入党し、強い使命感を持って貧困撲滅に取り組みます。1989年に民主化を求める天安門事件、1991年にソ連崩壊という大きな出来事に遭遇し、「民主自立を絶対化してはいけない」「中国は党と軍が一体だったから踏みとどまった。ソ連の共産党は軍を統制できず崩壊した」という教訓を胸に刻みます。国家副主席に就任すると、党幹部の反腐敗キャンペーンを強力に推進します。党員の行状をまとめたカードを復活させて管理を強化し、457万人を処分して国民に歓迎されます。側近の登用と世論の支持で権力基盤を固め、国家主席2期10年の任期をなくし、文革の反省から鄧小平《とうしょうへい》が導入した集団指導体制を形骸化させます。

アヘン戦争以後、中国が西側社会に苦しめられたという歴史観を持ち、「中華民族の偉大なる復興」がスローガンです。台湾統一がその完成となります。番組では習氏が地方勤務時代、「多様な意見こそ科学的な意思決定の基礎。権力を一手に握り、独断することはあってはならない」という文章も紹介しています。

習氏が共産党員としての強い使命感を持ち、貧困や腐敗など中国の抱える課題に本気で取り組んできたことは間違いないでしょう。文革の過酷な経験から、社会の不安定化に恐怖感に近い感情を持ち、強権的な体制を敷いていることも事実でしょう。中華民族の復興を阻《はば》む海外の動きに断固たる姿勢を示す立場も変わらないでしょう。

一方、合理的な精神も持っています。知識人を中心とした中国国民は不満を持ちながらも静かに見守るしかないのが現実です。中国国民は経済が成長し、生活が安定している限り、動かないし、動けないと見られます。しかし、経済が一本調子で伸びることはあり得ません。経済成長は共産党の生命線でしたが、中国経済はいずれ踊り場を迎え、その先が問われる時代が来ます。２０２２年末、ゼロコロナ政策に反対する国民が白い紙を掲げて抗議する「白紙運動」が起き、政府は方針転換しました。生活が苦しくなって同様の運動が起きた時、習政権はどう対応するのでしょうか。強権だけでは乗り越えられないはずです。

王朝交代は天の意志が関わっているとする「易姓革命」の伝統も侮ってはいけないでしょう。その時問われるのが、習氏の人間としての判断力です。独裁体制を築いていますが、異論を許さないために猜疑心が募る「独裁者のジレンマ」があります。どんな人間でも衰えます。『平家物語』にもある「盛者必衰《じょうしゃひっすい》」です。

アメリカは戦後、多くの問題を掲げながらも、多様な意見を許容する民主主義国として輝き、魅力的な生活文化、若者文化を世界に発信してきました。しかし今、国内は政治的に分断されて理性的な議論が成立しにくくなっています。格差は広がり、文化の魅力も落ちています。インドや東南アジア、中東、アフリカなど「グローバルサウス」と呼ばれる国々が台頭していますが、積極的にアメリカやG7を支持するわけではなく、中国やロシアと天びんにかけるようなスタンスです。グローバルサウスにとって、民主主義の押しつけは迷惑なのです。

一方、日本の立ち位置が問われています。アジアの一員で、中国と長い交流を持つ国として、アメリカと同盟しつつ、異なるアプローチも必要です。米中対立と言っても、両国の貿易は2022年に過去最高を記録しています。アメリカも厳しい締めつけは先端技術に限っています。殴り合っているようで、つながっている関係も深いのです。

日本の国会は、習近平体制をどう見るか、アメリカとの対立をどう考えるかといった議論を深くすべきですが、まったく足りません。有識者の意見を聞き、政治家が経綸を深める議論を闘わせ、国民に幅広い知見を提供すべきなのです。岸田文雄首相はアメリカ一辺倒、G7の結束を訴えるだけで、「国会軽視」という批判もつきまといます。国会の復権は与野党の大きな課題です。

## 日本の特殊な教育

日本が西洋と深く出会ったのは、明治維新をきっかけとします。ハーバード大学教授や駐日アメリカ大使を務めたエドウィン・O・ライシャワー氏（1910～90）は、著書『ライシャワーの日本史』（国弘正雄訳、1986年、文藝春秋）で、日本が主体的に西洋の知識を吸収したとして、次のように書いています。

**「日本は欧米各国から、それぞれの国が得意とする分野を学ぼうとした。イギリスからは海軍と商船隊について、ドイツからは陸軍と医学を、フランスからは地方行政と法律を、アメリカからはビジネスの方法を、という風にである」**

背景にあったのは、岩倉具視ら新政府の指導者が使節団として欧米を視察したことをあげています。

唯一例外的に欧米にならわず新規につくったものとして、教育制度をあげています。

**「ほとんどが政府の手中にある官製のものだった。当時の欧米の教育制度にありがちな貴族的雰囲気とか宗教色とはまったく無縁で、はるかに合理的かつ世俗的で国家志向の強いもの**

であった。教育は近代国家に必要な熟練技術を学ばせ、従順で有能な国民を訓育する政治の一手段とみなされた。読み書きのできる労働力や将兵、幅広い中級技術者、一握りのエリート主導層の養成が指導者の考える国家的要請だった」「中央政府による教育支配は教育を国民の思想強化の手段に使うというあまり好ましくない弊害を伴う。初等教育は、どう考えるかではなく、何を考えるかを人民に教え込む手段となっていた。表記法が複雑で棒暗記が欠かせないという（日本語の）重荷がますますこの傾向を強めたとも言える。日本は規格化された厳密な統制下にある教育制度を通じ、国家への服従と画一性を意識的に国民に植え付ける近代全体主義のパイオニアであるという、芳しくない栄誉を担っている」

明治新政府を樹立した薩長藩閥を中心とする勢力は、徳川幕府を打倒するために「尊皇」を掲げました。国家神道をつくり上げて天皇を国家の中心に据え、教育方針として忠君愛国の「教育勅語」を制定しました。背景にあったのは、自由民権運動の台頭でした。山縣有朋《やまがたありとも》（1838～1922）ら政府の中枢が民権の拡張を嫌悪し、官権的な教育が出来上がったのです。

アメリカの民権的な教育は、今もアメリカが最も国際競争力を維持している領域と言えます。特に大学以上の高等教育は、世界から留学生を集め、多くの起業家を生んでいます。日本の教育は戦後に制度が変わったとはいえ、一つの正解を暗記する正解主義が続きました。

日本の経営者の不振は、こうした教育も関係しているのでしょう。明治維新後、英米の教育を導入していたら、日本の教育はもっと創造性を養うものになっていたでしょう。「何を考えるかではなく、どう考えるか」を血肉化していれば、もっとわくわくとした国になっていたでしょう。

## 3人の合理主義者

日本の教育を受けながら、西洋と出合ったことで合理的な思考を身につけた3人に触れてみたいと思います。首相になった原敬《たかし》（1856〜1921）、同じく石橋湛山《たんざん》（1884〜1973）、評論家の清沢洌《きよし》（1890〜1945）の3人です。ジャーナリスト経験も共通しています。

原は朝敵とされた岩手・盛岡に生まれました。首相に就任した時、華族でも藩閥出身でもない「平民宰相」として国民の期待を集めました。閣僚の多くを立憲政友会から選び、日本初の本格的な政党内閣でした。優れた政治手腕を持ち、鉄道の拡張や高等教育の充実など民生重視の政策を進めました。高等教育の充実は教育の大衆化に大きく貢献しました。慶応義塾大学や早稲田大学などの私立大学は専門学校の扱いでしたが、帝国大学と同じ大学に昇格させました。地方を中心に高等学校（旧制）、実業専門学校などを新設しました。後に昭和天皇となる裕仁《ひろひと》皇太子の欧州訪問も推進し、視野を広げる機会となりました。

原は官権派の山縣とも巧みに調整し、漸進的な民権政策を実施しましたが、西洋との出合いは若い頃からありました。10代半ばにフランス人宣教師が運営する学校に入り、洗礼も受けました。フランス語を見込まれて外務省の官僚になり、パリの日本大使館に赴任し、現地の学校で国際公法を学びました。陸奥宗光《むつむねみつ》外相の下で外務次官も務めました。このほか記者や新聞社社長、農商務省の官僚など多くの経験を積みました。最後は東京駅で暗殺されましたが、東北出身の反骨に加えて、海外との交流を含む多彩な体験が脳内に多くの空間を生み、視野の広さを育んだのでしょう。

石橋湛山は1956年12月、自由民主党総裁選挙で岸信介を破り、首相に就任しました。しかし、急性肺炎で倒れ、在任わずか65日で退任しました。首相時代の業績はありませんが、戦前は東洋経済新報社で一貫して日本の植民地政策を批判して小日本主義を主張したことで知られています。日露戦争で日本は南満州の権益を確保し、朝鮮や台湾も足場にさらに拡張しようとしますが、湛山は「領土を拡大する時代ではない。貿易で生きよ」と加工貿易立国を主張し、植民地の放棄を訴えます。戦後日本は、貿易立国で繁栄しますが、先取するかのような構想でした。戦中は軍部の監視で孤立した戦いでしたが、異彩を放っていました。

湛山は長く海外に暮らしたことはありませんが、山梨県立第一中学校（現甲府一高）時代の校長が、札幌農学校でクラーク博士の教えを受けていました。湛山は「少年よ大志を抱け」「紳士たれ」の精神に触れ、自由主義、個人主義に感化されました。一高（現東京大学教養学部）受験に２度失敗し、早稲田大学文学科に進みますが、哲学者の田中王堂《おうどう》と出会い、アメリカ流のプラグマティズムを学びます。田中はシカゴ大学でジョン・デューイ（１８５９～１９５２）から直接教えを受けた人です。

一方、生まれは仏教と深く関わっています。父は著名な日蓮宗僧侶で、湛山は父と離れて山梨県内の寺に預けられて育ちました。湛山が戦時中に気骨ある言論活動を展開した背景には、社会改革に熱心な日蓮宗の影響もあると思われます。１９３１年の満州事変後、朝日新聞などが社論を転換し軍部の行動を追認に回った時、湛山は「言論の自由を失ったのは新聞の経営者に日蓮の１００分の１の勇気もなかった」からだと書いています。潔い首相退任に加え、合理的な構想と類まれな気骨によって湛山は今も高く評価される存在になっています。

清沢洌は、戦時中に書いた『暗黒日記』で知られています。もともと自由主義、平和主義、対米協調の外交評論で知られ、湛山と考え方も近く、親しくしていました。戦後首相に就任する吉田茂とも親交がありました。極端を排し、穏健な中庸主義でしたが、右翼の攻撃対象になり、軍部にもにらまれました。『暗黒日記』は自由な評論が制約されていたため、いずれ日本の現代史を書くため備忘録的に日記形式でまとめられたものです。戦時の天皇制や政府、軍部に対する評論、ジャーナリズムに対する批判、国際情勢に疎く、モラルを低下させていく国民や社会などを記述しています。1954年に、東洋経済新報社から出版され、日の目を見ます。

清沢は今の長野県安曇野《あづみの》市に生まれ、小学校を卒業して地元の私塾「研成義塾」で学びます。塾の中心人物は井口喜源治《きげんじ》で、儒教に通じ、内村鑑三らと親交のあるキリスト教者でした。井口から自由主義、多元主義的な教育を受け、海外への移民を勧められていたので、清沢はアメリカのシアトル近郊へ留学します。ワシントン大学を卒業し、在米日系紙の記者を務め、帰国後は中外商業新報（今の日本経済新聞社）や朝日新聞社で働きます。その後フリーになり、戦争への道を突き進む軍部、歯止めをかけようとしない新聞などへの批判を繰り広げます。

「わが児に与う」という自分の子ども向けの一文ではイデオロギーではなく、人としての生き方を強調しています。

**「大きくなって一つのお願いは人種が違う、国家が違うといって善悪可否の絶対基準を決め**

**ないようにしてくれ」「お前にただ一つの希望がある。相手の立場に対して寛大であることだ。一つの学理なり、思想なりを入れる場合、決して頭から断定してしまわない心構えを持つことだ」「西洋の誰かは『自分が生まれた時より、死ぬ時の方が少し世の中を良くしたと信ずることが願いだ』と言った。お前は一生道理のあるところに従った、そういう確信を持ったようになれば、お父さんの願いは足りるのだ」**

原敬が暗殺されなければ、日本の将来は変わっていたでしょう。湛山や清沢の主張が実現していれば、日本は戦争をすることなく、その後の国際的地位も今とはまったく違っていたでしょう。自由主義的主張は特定の相手を否定する思想ではありません。しかし、戦争を遂行するような段階になると、異論を許さない文化が台頭します。日本では、右翼や軍部、保守派の学者らが穏健な自由主義者を名指しして攻撃しました。いわば戦争文化の浸透です。技術はデジタルのように非連続的に進歩することがありますが、人間はアナログ的で少しずつしか変わりません。言論の自由という点では、今でも欧米に一日の長があると言えるでしょう。戦争文化をはびこらせないことが平和の基本です。

## ラルフ・W・エマソン著『自己信頼』の示唆

ラルフ・W・エマソン（1803〜82）は、アメリカの思想家・哲学者です。牧師の家に生まれ、ハーバード大学を卒業して自分も牧師になり、超絶主義の先導者として知られています。超絶主義は「トランセンデンタリズム」と呼ばれ、客観的な経験論よりも主観的な直観を強調します。自己啓発の世界的名著とされる『自己信頼』には、次のような一節があります。

「自分の考えを信じること、自分にとっての真実は、すべての人にとっての真実だと信じること——それが天才である。心の中で確信していることがあるなら、声に出して語るが良い。そうすれば、それは普遍的な意味を持つようになるだろう」

「私たちは吟遊詩人や賢人たちが放つ、目もくらむような輝きよりも、自分の内側でほのかに輝いている光を見つけ、観察するべきだ。しかし人は自分の考えを、それが自分のものだという理由で無造作に片づけてしまう。そして天才の仕事を見るたびに、そこに自分が却下した考えがあることに気づく。一度は自分のものだった考えが、ある種のよそよそしい威厳をたたえて、自分のもとに戻ってくるのだ」

**「優れた芸術作品を前にしたとき、たとえ周囲のすべてが反対していようとも、にこやかに、しかし断固として、自分の中に自然に湧き上がってくる印象に従うべきだと教えてくれる。さもなければ、翌日にはあなたがいつも考え、感じてきたものとまったく同じことを、どこかの誰かが言葉巧みに語りだし、あなたは恥じ入りながら、自分の意見を他人から頂戴するはめになる」**

エマソンは西洋思想の中心であるキリスト教を深く学び、プラトン（紀元前４２７～前３４７）やカントの思想も吸収し、アメリカの個人主義の形成に大きな影響を与えました。南北戦争の時には奴隷制にも反対しました。ここで強調したいのは、西洋を代表するような思想家が、東洋哲学にも影響を受けていたことです。特にインド哲学との出合いが大きく、ヒンズー教の聖典である『バガヴァッド・ギーター』などを読み、宇宙や地球や社会を一元的に見る傾向が強いと言われています。「我々はこの世界を部分部分で、太陽とか、月とか、動物とか、木とかいうようにしか見ない。だがそれらのものが一部として光が輝いている、全なるものが魂なのである」という文章もあります。確かにデカルトより、梅原氏の言う「草木国土悉皆成仏」に近い気もします。日本では福澤諭吉や宮沢賢治、北村透谷らに影響を与えました。

この章では東洋と西洋の違いについて主に見てきました。自然条件も歴史も違いますから、差があるのは当然です。しかし、同じ人間ですから共通点の方が圧倒的に多いのも事実でしょう。本書の主眼である経済的な観点から見た場合、東洋と西洋の違いは詰まるところ、科学技術の差と言えるように思います。18世紀以降、科学技術の進歩は西洋が推進力となってきましたが、今は差が縮まりつつあり、一部で逆転の可能性もあります。アメリカが中国の人工知能など先端技術開発に神経をとがらせる背景もここにあります。日本は開発面でも政策面でも、もっと科学技術にフォーカスし、東西対立に陥らず、世界の民生に貢献するようなルールづくりや環境づくりを目指すべきではないでしょうか。そのための官・民・学の構想力が問われています。

# 第6章

# 東京と地方

## ――洞察力を意識する

本章のタイトルは「東京と地方」ですが、二つ意味があります。一つは、「都会と田舎」です。都会は「都市部や市街地」、田舎は「人口密度が低く、主に農林水産業や製造業などを主体とする地方」と言うこともできます。

もう一つの意味は、「国家と地域」です。「国家・中央政府」と「地方自治体が行政の主体となる地域」と言うこともできます。両者は同じ日本を形成しますが、価値観や思考が異なる面もあります。日本はほぼ単一民族で、他国に比べて画一化しているということもできますが、よく見れば生まれたり育ったりした場所で違いはあります。価値観も異なってきます。地方には地方なりの多様性があり、それぞれの地域ごとに微妙な力関係も働きます。ビジネスパーソンであれば、こうした実情やメカニズムを理解している必要があり、それによって言動の深さに差が出てくると思われます。

## 長塚節の『土』と夏目漱石

長塚節《たかし》（1879〜1915）は、今の茨城県常総市に生まれました。生家は豪農で、父は自由民権運動家と親交があり、県会議員を務めました。長塚は茨城師範学校（現茨城大学教育学部）を卒業し、正岡子規の短歌論である『歌よみに与ふる書』に感銘を受け、門下となりました。現実をありのままに描く写実主義に共感し、子規の後継者という評価を得ています。『土』は１９１０年に東京朝日新聞に連載した小説で、鬼怒川《きぬがわ》沿いの四季折々の自然や農村風俗、土と闘う農民の姿を精巧かつ忠実に描いています。それまでの小説は都会の中産階級を描いており、農村や農民を主な対象にしたものはほとんどありませんでした。フランス・バルビゾン派の画家ミレーが農民画で著名になったように、『土』は日本で画期的な農民文学の作品となりました。

しかし、この小説は悲惨な内容でもありました。貧農の日常生活を描き、無知と人の好さ、ずるさと温かさを描いて余すところがないと言われています。主人公の妻は破傷風で亡くなりますが、原因は自分の手で堕胎した時の感染症らしいのです。主人公は他人の畑から作物を盗み、訴えられると地主に仲介を頼みます。地主の妻は子どもがかわいそうだと思い、被害者に話をつけ、警察もお目こぼしをします。こうした様子が土地特有の自然描写とともに書かれています。

都会を舞台に小説を書いていた当時の文壇の評価は高くありませんでした。「読む必要はない」という声もありました。長塚の連載を推薦したのは、当時、朝日新聞社に在籍していた夏目漱石ですが、出版の際に序文を寄せて、読んだ方がいい理由について、次のように書いています。

「このような生活をしている人間が、我々と同時代に、しかも首都から遠くない田舎に住んでいるという悲惨な事実を、ひしと一度は胸の底に抱きしめてみたら、これから先の人生観の上に、また日常の行動の上に、何らかの利益を与えるのではないか。特に歓楽に憧憬する若い男や若い女が、我慢して読む勇気を鼓舞することを期待する。娘が年ごろになって、音楽界がどうの、演劇がどうのと言い募るころになったら、読ませたいと思っている。嫌だというに違いない。面白いから読めというのではない。参考のためだから、世間を知るためだから、知って己の人格の上に暗い恐ろしい影を反射させるためだから我慢して読めと忠告したいと思っている」

自分がどんな生活をしようとも、世の中にはいろいろな現実があることを知っておけ、忘れるな、という忠告でしょう。

## 都会人に覚えた違和感

私は静岡県の天竜川河口で生まれました。当時は磐田《いわた》郡竜洋《りゅうよう》町で、今は磐田市になっています。1976年4月に大学入学で上京した時、出身地を紹介するのに困りました。誰も知らないからです。「出身は？」「静岡県」「静岡県のどこ？」「浜松の方」「どこ？」「いわた」「知らない」。そんな会話を何回もしました。知っていたとしても「磐田」を「ばんた」と読み、「ああ、ばんた」という始末でした。１９９４年からサッカーＪリーグに「ジュビロ磐田」が参加し、やっと地名が全国区になりました。

上京した当時、東京出身者には2種類の人がいると感じました。地方に関心を持たない人と持つ人です。前者は、東京が日本の標準であり、全国同じようだと思っているので、地方について知りたいとは思わない人たちです。後者は、東京は日本の中で異質な町で、地方には多様性があり、田舎にもそれなりに関心を持つ人たちです。話が合ったのは、当然、後者です。

上京当初、杉並区に住んでいました。後に首相になる菅直人氏が市民運動の旗手として旧東京7区から衆議院議員選挙に出馬し、隣接する武蔵野市や三鷹市を基盤に活発に活動していました。支援運動に加わった先輩や同級生もいました。共感する部分はありましたが、応援までしようという気にはなりませんでした。権利意識に目覚めた市民像に何となく違和感もあったからです。時代も地域も違いますから、長塚節が描いたほどではありませんが、田舎なりの空気も知っている自分にとって、「市民運動はどこか現実離れしていないか」という感覚もありました。

大学時代は、狭山事件の裁判支援や新東京国際空港建設の反対運動が盛んでした。狭山事件は、被差別部落出身者が殺人犯とされ、有罪判決を受けた事件で、運動は今も続いています。新東京国際空港は機動隊に守られて建設され、今は成田国際空港の名称になっています。反対運動には過激派と呼ばれる団体も関与し、個人的には違和感を抱く場面も多くありました。しかし、被差別部落問題や権力の絶対的な強制力を知ったことは、社会を広く知るという点で大変意味がありました。漱石が小説『土』を推薦した意図を深く実感します。自分の知らない世界、住んでいない土地を知ろうとすることは、人間の幅や視野を広げるだけでなく、目線を低くし、謙虚にする面もあると思います。人や社会を見る洞察力にもつながります。

## 『自動車絶望工場』と『橋のない川』

文芸評論家の斎藤美奈子氏は2020年、『中古典のすすめ』（紀伊國屋書店）を出版しました。1960年から1990年代にかけて、主に日本人が書いた48冊を取り上げ、評論しています。丸山眞男《まさお》『日本の思想』から林真理子『ルンルンを買っておうちに帰ろう』や、ロバート・J・ウォラー『マディソン郡の橋』まで多彩です。名作度（本としての価値）と使える度（おもしろい、響く）を各3点満点で採点しました。計6点だった本は10冊ありますが、次の2冊はいずれも6点でした。地方が深く関わっており、社会を知る名著といえます。

『自動車絶望工場』（1973年）は、ノンフィクション作家・鎌田慧《さとし》氏の出世作です。鎌田氏は34歳だった1972年8月、地方紙に載った季節工の広告を見て、青森県弘前市から愛知県のトヨタ自動車本社工場に来ました。この本は働いた5カ月間の記録です。斎藤氏は、次のように評価します。

「日記は臨場感と徒労感に満ち満ちている。多くの言葉が割かれるのが、ベルトコンベア労働の過酷さだ。『コンベアはゆっくり回っているように見えたが、錯覚だった。たちまちのうちに汗まみれ。喉はカラカラ。煙草どころか、水も飲めない。トイレなどとてもじゃない』。過労で倒れた同僚は何の保障もなくクビになる。労災死亡事故が起きても『重大災害が発生して遺憾に思う』という社長声明と、『ごめい福を祈ります』という労組メッセージのみ。単純反復労働と人間性をはく奪された日々が続く。浮かび上がるのは社内外から見たトヨタのギャップだった」

「書かれた当時は田中角栄内閣が誕生し、列島改造論に沸いていたが、本書は経済大国への道を歩みつつある産業界に冷や水を浴びせた。労働者をめぐる状況は２０００年代に悪化した。２００４年に製造業への派遣が原則自由化され、絶望工場化はさらに進んだ。２０２０

**年から非正規との格差を是正する『同一労働同一賃金』の原則が一応掲げられているが、経済が悪化すれば、真っ先に切られるのが最下位の非正規労働者である。本書の告発はだから色あせない。いまも、おそらく将来も」**

２００８年に起きた秋葉原無差別殺傷事件の容疑者が、派遣会社から自動車関連工場に派遣されていたことにも触れています。この容疑者は青森市の進学高を卒業していました。

『橋のない川』は、住井すゑが１９６１～92年に刊行しました。１部から7部、文庫本で7冊の大著です。着手したのが56歳、完成させたのは90歳。斎藤氏は全巻が難しければ、少年時代を描いた2部までの読書を勧めています。

舞台は奈良盆地の「小森」という被差別部落です。物語は１９０８年から始まり、父は日露戦争で戦死し、母と祖母、弟の４人暮らしです。主人公は学校で「エッタ」と呼ばれますが、理由がわかりません。お寺の子どもで、優秀な中学生がいろいろ教えてくれます。主人公は小学校の先生に「わしは、エッタやいわれるのが一番つらいネ。先生、どねんしたらエッタがなおるか、教えとくなはれ」と聞きます。大阪の米屋に奉公に出ますが、理不尽な差別との闘いはなお続きます。２部までの物語は、集落の火事、出火の原因をつくった人の自殺、トンネル事故など多様な事件を織り込んで展開します。

３部以降は米騒動、水平社結成など部落解放運動を中心に進みます。同じく被差別部落出身者を描いた島崎藤村の『破戒』、大逆事件で処刑された幸徳秋水のことが書かれ、強い印象を残しています。「世の中から金持ちをなくす」という秋水の主張に主人公は興奮します。

斎藤さんは次のように書いています。

**「2部までは少年の成長譚として優れており、差別される側の気持ちが感覚的に伝わる。小森の人々はみな勤勉で実直だし、祖母は差別の根源が天皇制にあることも見抜いている。中盤以降は差別の理不尽さがひたすら強調され、文学としての深みに欠けるきらいがあるが、それでも中高生はみんな読んだほうがいいと思う。今日も差別は解消されていない。差別への感受性が鈍っている時代にこそ効くストレートパンチ。『橋のない川』はそういう小説だ」**

ビジネスパーソンは、どちらかといえば、富裕層に目が行きがちです。ビジネスの機会が多く、成功すれば収益も高いからです。しかし、どこの国や社会にも貧富の差や差別があり、格差は世界的に広がっています。国連のSDGs（持続可能な開発計画）への取り組みをPRする企業も増えていますが、「貧困をなくそう」といった17の目標を実現するには、単なる慈善ではなく、ドラスティックで世界規模の構造改革が必要です。実現するための覚悟が本当にあるのなら、貧困や差別に目をつぶることはできません。洞察力も問われます。これもビジネスパーソンの教養です。

## 「大都市エリート」対「土着の国民」

トランプ大統領が誕生して以降のアメリカは、国内の激しい分断が特徴となっています。テキサス大学公共政策大学院のマイケル・リンド教授は、著書『新しい階級闘争　大都市エリートから民主主義を守る』（2022年、東洋経済新報社）で、独自の対立構図を指摘しました。都会を拠点とした高学歴の専門家と、労働者ら主に地方に住む土着国民の対立です。かつてはマルクスが主張している通り、資本家・経営者と労働者の対立でした。これを「左右の対立」とすれば、今は「上下の対立」になったというわけです。監訳した政治学者の施《せ》光恒《てるひさ》氏の解説に沿って紹介すると、以下の通りです。

1970年代から高学歴の管理者（経営者、エリート層）が主導する上からの革命が生まれ、新自由主義に基づくグローバル化推進策が取られるようになりました。管理者は利益を受けますが、中間層と労働者の庶民は利益を受けず、欧米諸国で新しい階級闘争になっています。経済、政治、文化の各領域に及び、地理的な対立も生んでいます。知識や技術、交通の結節点（ハブ）となる大都市と、庶民層が多く住み「ハートランド」と呼ばれる郊外や地方です。

かつての対立は資本家と労働者でしたが、第二次世界大戦後に政府が仲介して妥協し、福祉制度が充実しました。農協など各種団体、教会、ボランティア組織などが中間団体として参加しました。リンド教授は「民主的多元主義」と呼び、各層の利害が調整されました。しかし、上からの新自由主義が生まれ、各層の利害が調整されないようになり、庶民層からの反発が生まれます。「下からのポピュリストの反革命」とも呼ばれます。エリート層は庶民層の警告を真剣に受け取らず、教育政策、再分配政策、反独占政策など対症療法を採用し、根本問題である権力関係の不均等の改善には取り組みません。リンド教授は問題解決のために庶民層の利益を代弁し、政治に反映する拮抗力が必要だと主張します。労働組合など各種の中間団体を再生し、必要な規制を導入し、新しい民主的多元主義をつくり出すべきだと主張します。

言い換えれば、次のようになるでしょう。戦後、イギリスの経済学者ケインズ（１８８３〜１９４６）に代表される思潮が、市場の失敗を補完する政府の役割を強調し、福祉国家が大きな目標になりました。しかし、石油危機で経済成長が停滞すると、ブレーキがかかります。日本は財政難に陥り、国鉄や電電公社の民営化など行政改革が推進されました。アメリカのレーガン大統領やイギリスのサッチャー首相は、強力な規制緩和を主導します。本格化した経済のグローバルとあいまって、企業や個人の自己責任が強調されるようになります。

政治的には労働組合が弱体化し、社会の拮抗力が減少しました。

その結果、世界的に格差が拡大しました。日本では派遣労働者が増えたため生活困窮者も増え、少子化に拍車をかける事態を生んでいます。こうした副作用に一定の対策は打たれましたが、根本的な解決には至っていません。

2021年10月に誕生した岸田文雄首相は「新しい資本主義」を掲げ、成長と分配の好循環を打ち出していますが、有効な手は打たれていません。世界各国でも同様の現象が生まれています。代表はアメリカです。「アメリカ・ファースト」を掲げる共和党のトランプ大統領が2017年に誕生し、オバマ大統領までの国際協調路線を捨て、孤立主義・保護主義的な政策転換をし、各国を困惑させました。2021年に民主党のバイデン大統領に交代しましたが、トランプ氏の人気は高く、引き続き大統領候補になっています。

トランプ氏には女性問題などで個人的な言動を疑問視する声も多く、日本ではなぜ人気があるのか想像できない面がありますが、トランプ支持者にはかつて民主党を支持していた白人労働者や良識的な人たちも多くいると言われています。民主党は戦時中のルーズベルト大統領以来、額に汗して働く労働者を支持基盤としていました。しかし、ベトナム戦争以降、高等教育を受けた知識層への接近を始め、1990年代のクリントン政権時代からワシントンのエリート層やウォール街の金融関係者へのシフトが鮮明となります。

労働者層は岩盤支持層と思っていましたが、国内工場の空洞化により主に中西部で「ラストベルト（錆びついた工場地帯）」と呼ばれる雇用不安定地帯が生まれ、白人労働者らは民主党を見限り、トランプ氏の支持へと変わっていきます。トランプ氏と大統領の座を争った民主党のヒラリー・クリントン氏は、オバマ政権の国務長官を辞めた後、高額の講演料を受け取っていたことなどが問題視されましたが、都市エリートの象徴的な存在となっていました。

アメリカの分断をめぐる要因はいろいろあり、単純に「大都市エリート対土着国民」と割り切るのは無理があるかもしれません。しかし、大衆の不満を「ポピュリズム」と切り捨ててしまうだけでは、事態の本質を見誤るでしょう。感情的な面は少なからずありますが、トランプ支持者が現状に大きな不満を持っていることは事実です。ウクライナを侵攻したロシアや中国を非難する際、アメリカがいくら「自由と民主主義」の価値観を掲げても、足元がおぼつかないのでは、色あせて聞こえます。不満を持つ人たちとの粘り強い対話を重ね、必要な対策を実行することでしか民主主義の復活はないでしょう。その際、都市エリートと土着国民という考え方は、一定の意味を持つと思います。

私は18歳まで生まれた静岡県磐田市にいて、新聞記者になってからは東京都を中心に大阪市や名古屋市、新潟市などに住みました。最後の５年余りは静岡県浜松市に住みましたが、東京人は「暮らしている」、浜松市を中心とした遠州人は「生きている」と感じました。東京に住む人の住居は狭く、自然の土に触れる機会はあまりありません。しかし、公共交通機関が充実して移動が便利です。スーパーに行けば、野菜をはじめ食料がたくさんあります。
遠州では東京より広い一軒家に住み、庭もあり、土をはじめとする自然が豊富にあります。その代わり、車がなくては生活しづらく、郊外では店も減っています。家庭菜園を持ち、足りない野菜を店で買うという人も少なくありません。「東京人は暮らし、遠州人は生きる」と話したところ、地元に住む高校の同級生はいたく同意していました。この感覚の違いが、思考の違いに表れることもあるでしょう。その差を感知する洞察力も必要な気がします。

## 国家・中央政府と地域

両者の関係を考える場合、大変参考になる本は『地域学入門』（山下祐介東京都立大学教授著、2021年、ちくま新書）です。人間社会は、個人、地域、国家という関係で成り立っています。地域の意味について、次のように書いています。

**「人は必ずどこかの時空（時間・空間）に存在する。本来、空間は果てしなく広がり、時間**

は延々と切れ目なくつづく。ある場所を一つの地域として取り出すことは、ものごとを時空の中に見定め、その見定めを行う自分自身を時空の中に確たる存在としてつなぎとめることである。逆に言えば、地域が見えない人とは、自分が存在している時空が見えていない人だということにもなる」

「地域は単なる時空の認識ではない。私の生をとりまく、様々なものごとの深いつながりである。地域とは、私が生きている条件、その環境、自分を生かしてくれている仕組みそのものである。地域を知るということは、単なる時空を、自分という存在を可能にしてくれる条件として描き出すことにほかならない。具体的な時空にいる私を特定の生態環境のうちに照らし出していくことなのである」

地域と非常に深い関係にあるのが「国家」です。地域の語源は、「一定の範囲の土地があり、その土地の恵みで生きている人々がいて、その領域を武装して守っている」という意味です。地域という土地を用意しているのが国家で、地域は国家とともに生まれ、維持してきました。ヤマト王権誕生から江戸幕府まで、日本に国家と呼んでもいい形態は一応ありましたが、大きく変質したのは明治維新以降に近代国家になってからです。欧米諸国に対峙し、守るために向き合う必要性から明治国家が整備されていきました。地域は近代国家を確立し、守るために開発され再編されました。

国防の観点もあって蝦夷《えぞ》地は北海道、琉球は沖縄として本格的に日本に組み入れられました。国家の要請で、各地に産業都市や軍事都市が生まれ、帝国大学も設立されました。国家ともっとも関わりの深い土地が首都になった東京でした。海外と向き合う外交や軍事を中心に中央官庁が置かれ、「富国強兵」を達成する国家の司令塔・中枢機構として整備されました。明治に市町村制が導入され、大正時代以降に都道府県間の人口移動が増え、地域の変貌が始まります。

富国強兵路線は第二次世界大戦の敗戦で挫折し、戦後は「経済国家」が目標になります。高度経済成長の労働力を確保するため、地域から首都圏・都市部への人口移動が本格化します。国家と地域の利害は時に一致し、時に衝突します。敗戦で壊滅した生活をより豊かにしたいという願望は一致していました。しかし、主に都市では過密や大気汚染、交通地獄などが起きます。熊本・水俣に代表されるように公害をめぐって激しく対立する地域もありました。その後も各地の原子力発電所、沖縄・辺野古《へのこ》の米軍基地建設など、国家と地域が対立するテーマは続いています。

高度経済成長から人口減少社会になり、地域社会が縮小・消滅する方向にあります。その結果、個人が国家や世界に直接向き合う構図になっています。中間にあった地域が消え、個人にとっての緩衝地帯やセーフティネットがなくなっているとも言えます。その結果、国家が個人であることを直接保障するような風潮になっています。

同書では、次のように指摘しています。

「個人主義は、一見そこから縁遠く見える国家ナショナリズムと非常に近い関係にある。個人主義はしばしば容易に国家ナショナリズムに転換する。最も個人主義的なインターネットの言説空間で、最も強烈な国家ナショナリズムが台頭しているのはそのためである。そこでは、弱者批判や地方切り捨て、国家の高度武装化、トップの専横の容認や全体主義の礼賛といった、これまでの常識では考えられないような言説が、ふつうの人々の間で展開されている。そこにいるのは自分自身がこの国を支え、犠牲になることを厭わないという強い個人では決してなく、自分という存在を守ってくれる国家を確かなものにしておきたいという強い他力本願な弱者でしかなさそうだ。強い国家への希求は、そうした弱者に芽吹く存在論的不安から始まるものである」

## ナショナリズムとコスモポリタニズム

個人が国家ナショナリズムと同一化する一方、個人主義を強く推進して国家を否定するコスモポリタニズムの立場もあります。富裕層など経済的成功者に多く、国家を否定して税を払いたくない、自分だけがよい暮らしをしたい、貧しい人や弱者に関わりたくない、戦争は嫌だ、自分だけは平和に暮らしたいという思考です。個人の生活が、国家と地域を前提に成立している以上、かなり無理な考え方と言うしかありません。国家ナショナリズムにもコスモポリタニズムにも欠けているのが、地域ナショナリズムであり、それを再確認させる地域学と言えます。

同書は「抵抗としての地域学」を掲げています。地域が消滅しかけている今、暮らしの土台となっている文化を深く考え、「自己理解としての地域研究」を進めるべきだと提案します。日本では、民俗学が江戸時代以来の国学の系譜から出発し、科学的手法で自己の存在を自分の言葉で観察し、記述し、定着してきました。そこには西洋科学と庶民の知恵が、拮抗しながら一つになったハイブリッドな認識があります。地域学もこの系譜にあり、個人、地域、国家、世界のどれも否定することなく、この先の均衡点を探ることが可能になると言い、次のように結んでいます。

**「地域学は生きる場の哲学そのものである。あなたが地域とのつながりを失ったままでいれば、無縁社会か浅薄なナショナリズムにしかたどり着かないぞと言う警告でもある。身近な地域を知ることが国家を知り、世界を知ることにもつながるのである。身近な地域と国家と世界が合わさって暮らしができている。それが現在の暮らしの本当の姿である。地域学とは**

## その当たり前の自分の姿を手に入れようというものにすぎない」

抵抗としての地域学という主張は、先に取り上げたマイケル・リンド教授の「民主的多元主義に向けた拮抗力」と通底します。異論がなく建前だけのつるつるとした社会ではなく、多少ゴリゴリとしているけれど、多様な価値が共存する社会です。最近、多くの企業が重視している「多様性」のある社会とは、こうした状態ではないでしょう。異論の多いことは、スピードや効率を求める企業行動とは一見矛盾しそうです。ほとんどの企業が目標に掲げるSDGsの実現も実は簡単な取り組みではありません。日本企業にどこまでの覚悟があるでしょうか。単なるお題目になっていないでしょうか。世界や全国を相手にする企業は、共通の尺度でビジネス展開をすることが多いと思いますが、地域には地域の歴史や風土がありま す。ビジネスパーソンにとって地域への認識を深めることは、必ず何らかの気づきや成果につながることでしょう。

## 地域の内発的発展論

地域にとっての大きな課題は、人口減少が進む中での活性化です。安倍政権時代に地方創生事業が始まりましたが、その延長線上にあります。さらなる人口減が見込まれ、どの自治体も人口を増やすか、なるべく減らさないように奔走しています。子育て支援を充実したり、企業誘致で雇用を確保したり、インバウンド観光客を呼び込もうとしたり、努力しています。高度経済成長時代、地方は公共事業の獲得に走りました。基盤インフラが不十分な時代で、「中央直結」を売り物とする自民党の政治家を頼り、陳情を重ねました。工業団地を整備して企業を誘致することも大きな目標でした。これらは外部の力を借りた発展モデルでした。

しかし、財政難と一定のインフラ整備を終えて公共事業費は減り、企業も工場を国内より国際展開する方向となりました。今求められているのは、自治体と住民が共同して、自分たちの力で地域を活性化しようという方向です。例えば子育て支援ですが、現金給付という金銭に限ったサービス合戦になっては、自治体競争が過熱化して不毛であり、限界があります。行政と住民が対話をし、住民に寄り添った質的なサービス向上が重要になります。観光面では、地域の資源を自分たちで探求し、自分たちで磨き上げていく知恵も重要になります。カギを握るのは「よそ者、若者、ばか者」とも言われるように人材です。

これらは自分たちの内側から活性化を図る意味で、内発的発展論と言われます。著名な論者が、社会学者で柳田国男や南方熊楠《みなかたくまぐす》の研究でも知られる鶴見和子氏（1918〜2006）です。鶴見氏の主張について、全集である『鶴見和子曼荼羅9環の巻　内発的発展論によるパラダイム転換』（1999年、藤原書店）から探っていきます。

内発的発展の特徴について、「それぞれの地域の生態系に適合し、地域住民の生活の基本的必要と地域の文化の伝統に根ざして、地域の住民の協力によって、発展の方向と筋道を作り出して行くという創造的な事業」としています。主人公は地域住民で、生態系、生活、文化、伝統などがキーワードとなります。

伝統を「作り替える」のではなく、「再創造」することを重視します。伝統を4つの側面からとらえます。第一は家族、村落、都市など社会構造の側面。第二は宗教、価値観、宇宙観など精神構造の側面。第三は技術の側面。第四は感情、感覚、情動の側面です。

精神構造の側面に関してみると、近代化論はイギリス、フランス、アメリカ、ドイツなどの近代化の経験に基づいており、これら西欧諸国はそれぞれ文化の基底にキリスト教文明を共有しています。一方、内発的発展の試みをしているところは、非西欧社会が多く、多様な宗教が包み込まれています。両者の違いを考えると、内発的発展論は地域の生態系と調和した発展を強調しますが、近代化論は自然への配慮がありません。近代化論は社会構造や人間の行動・思考について、工業化の進展に伴って前近代型から近代化へ移行したと考えます。

一方、内発的発展論は、地域に集積された社会構造や精神構造の伝統を重視し、現代の問題を解決するため、伝統の中から役に立つものを選び出し、新しく創り直して使うことができると考えます。近代化論は経済成長を主要な発展の指標としますが、内発的発展論は人間の成長を主要目標とし、経済成長をその条件とみなします。以上は理論ですが、鶴見氏はタイ、中国、日本の事例を詳しく調査しています。

解説は当時、国際日本文化研究センター教授で、現在静岡県知事の川勝平太氏が書いていますが、特徴を12あげています。①生命ある物を対象とした生命論、②森羅万象を開かれた生活を持つものとみなし分析する閉じられていない方法論、③創造の過程を対象として、創造とは何かを理解する方法論、④自然、人、文物などの関係性を見る、⑤自己発見をするアイデンティティー論、⑥最大の対象を人間とする人間論、⑦現状を解決する主体としての指導者論、⑧危機を対象とし、危機を克服するダイナミックセオリー（動態論）、⑨分析の対象単位が地域社会、⑩多様な地域性、発展系列、人間群像をことほぐ価値多元論、⑪地球の全体性を視野に入れた志向を持っている、⑫原型は西欧ではなく、日本やアジア発の理論。豊かな内容をたたえた包括性が感じられます。

私は、地域活性化に取り組んでいる人を多く取材しました。キーワードに掲げられるような言葉をどこまで自覚しているかは別にして、地域の自然や歴史、伝統、風土を総合的に把握し、愛情を持っている点は共通していました。「部分知」ではなく、「全体知」とも言えるでしょう。

## 高等教育における国家と地域

次に日本の教育について考えてみます。第5章で、元駐日アメリカ大使ライシャワー氏が書いた日本史に触れました。「明治維新後、日本は各国の得意とする分野を自主的に選んで取り入れたが、教育だけは別だった。初等教育は、どう考えるかではなく、何を考えるかを教え込ませた」という趣旨の文章を紹介しました。天皇崇拝と暗記中心の教育です。戦後は憲法が変わって国民主権となりましたが、暗記中心は変わりませんでした。「正解は一つ、必ずある」と教え、日本人には今もその感覚が染みついていると言っていいでしょう。欧米に追いつけ追い越せの時代は何とか通用し、１９８０年代に「ジャパン・アズ・ナンバー・ワン」の言葉とともにかつてない経済発展を実現しました。

高等教育を見てみましょう。東京大学は１８７７年、幕府の洋学教育機関を基礎に設立されました。政府の拘束が弱い、純粋な教育機関と言っていいでしょう。当時、自由民権運動が盛り上がりつつあり、明治政府は警戒感を強めました。官僚を養成して政府の力を強める必要があると感じ、１８８６年、帝国大学に改組しました。主導したのは山縣有朋ら民権運動を嫌い、官権を強化すべきだと考えた人たちで、官吏養成が狙いの一つでした。１８９７

年に京都帝国大学が創設されると、東京帝国大学に改称しました。作家の司馬遼太郎は帝国大学を「文明の配電盤」と称しました。海外からの知識を吸収し、日本全国に配電していく役割です。機能は政府そのもので、成績優秀者には天皇から銀時計が与えられました。法律は江戸時代の儒学に代わる基本的な支配原理になったので、法学部生を主な対象に中国の科挙の影響を受けた公務員試験制度が導入されました。帝国大学法学部の学生は当初は無試験で、その後も大量に合格しました。成績優秀者を帝国大学法学部に送り込み、官権を強化する流れが政府主導で人為的に出来上がりました。自由民権よりも秩序優先です。官界は最近まで、東大法学部卒業生が圧倒的多数を占めていました。

一方、明治期の私立学校（校名は現在時）は、福澤諭吉の慶應義塾、福澤の友人で明治14年の政変で下野した大隈重信の早稲田、法律学校の法政や明治や中央、キリスト教系の立教、青山学院、上智などがありました。帝国大学を「国家」とすれば、私立は「地域の私塾」でした。特に早稲田は東京都新宿区にあるごく狭い地域名を大学名にしている珍しい学校で、全国津々浦々から学生を集めた地域の学校の代表格です。大隈は自由民権運動の指導者でしたが、山縣ら官権勢力は民権派学生の育成を図っていると強く警戒しました。山縣の住家《じゅうか》は、早稲田に近く、今はホテルになっている椿山荘（文京区）ですが、眼下にある大隈の創設した学校を苦々しく思っていました。その結果、官吏養成の帝国大学設立へと続く流れになりました。

私学が帝国大学と同等の大学に昇格したのは、原敬首相が制定した大学令で認可された１９２０年まで待たなければなりませんでした。朝敵とされた岩手・盛岡で生まれ、平民宰相の原が決断したという歴史は決して偶然とは言えません。

教育のあり方や大学をめぐる状況は、時代の変遷とともに変わってきたと言えますし、底流では完全に変わっていないと言うこともできるでしょう。現実は歴史の中で流転するように変化しますから当然ですが、こうした歴史を知っておくことは物事を見るうえで大切だと考えます。

## ウクライナ侵攻時代の国家と地域の関係

２０２２年２月、ロシアが突然のようにウクライナに侵攻したことは、世界に大きな衝撃を与えました。冷戦終結後も各地で戦闘はありましたが、国連常任理事国のロシアが当事者となって一方的に軍事行動をとったことは、世界秩序に計り知れない影響を与えました。

ロシアのプーチン大統領が、北大西洋条約機構（ＮＡＴＯ）の東方拡大に強い警戒感を持ち、警告していたという指摘があります。西側諸国がそうした事情に鈍感だったという面はあるでしょう。ロシアは簡単にウクライナを制圧できる見通しを持っていましたが、予想以上の頑強な抵抗により事態が混迷化したとも言えるでしょう。そうした事情があるにせよ、ロシアの行動は強く非難されるべきです。西側諸国との全面対決による第三次世界大戦や核戦争の恐れがささやかれ、東アジアでは中国が台湾に武力侵攻し、アメリカや日本との戦闘の可能性も公然と語られるようになりました。戦後日本で、戦争がこれほどの現実味を持って語られたことはないでしょう。日本政府は軍事力の大幅増強を決定しました。

ウクライナ侵攻については、ウクライナ対ロシア、西側諸国や中国、「グローバルサウス」と呼ばれるインドなどの諸国といった国単位で考えがちです。しかし、地域学で提唱された国家と地域の関係で考えると新たな視点が浮かんできます。現代社会で戦争を起こすのは国家です。突き詰めれば、国家の政治指導者です。今回はプーチン大統領特有の思想や歴史観が指摘されています。しかし、実際に戦う兵士は地域から動員された主に若い男性です。突然、理不尽に攻撃されたウクライナ国民は、祖国防衛に高い志を持っています。一方、ロシアは言論統制をしていたとしても兵士の士気は低く、受刑者らも兵士とする民間軍事会社に動員されました。もし言論統制がなければ、国民は大義を見つけられず、ロシア国内の不満はかなり高まっていたでしょう。

国家は政治機関であり、他国と同調したり対立したりします。対立がエスカレートすれば、国内の異論を封じるために強権的に言論統制を敷きます。一方、地域の人たちはふだん、どんな気持ちで生活しているでしょうか。どこの国の人でも穏やかな暮らしを望んでいると言えないでしょうか。いろいろな問題が日々起きますが、乗り越えながら穏やかに暮らしたいという希望は世界共通ではないでしょうか。

国家の大義は、地域の大義と特に同調し、時に緊張・対立します。国家の大義は、本当に国家存亡の一大事もあれば、一皮むけば指導者や関係組織の私益や感情ということもあります。真の大義がない場合、国家に抵抗し、拮抗力になるべき勢力が地域の力です。戦争はその最たるものです。戦争で犠牲になるのは、地域から動員された兵士であり、空爆や地上戦で戦場になる地域の一般人たちです。指導者はほとんど犠牲になりません。兵器は技術の進歩とともに殺傷力を増し、核兵器や化学兵器などの大量殺戮兵器、大型ミサイル、無人機やドローンなどが一般化しています。本格的な戦争の被害は、過去とは比べものになりません。ＩＴ機器やＳＮＳの発達で、ウクライナの厳しい状況が動画で一瞬にして世界を駆けめぐり、地域の人たちも簡単に接することができるようになりました。

地域は自分たちの判断で行動する必要があります。他国の地域との交流を大切にする必要があります。国家は一元的に地域を支配しようとしますが、地域は多元的で平和的です。国家が常に好戦的というわけではありませんが、終戦直後や高度経済成長時代の日本政府に比べて、今の日本政府は戦争へのハードルを低くしていると言っていいでしょう。国際情勢の変化も大きな要因ですが、日本自らの自己認識も関係しています。東アジアの対立を安易にあおるような行動に対して、地域は歯止めをかける存在であるべきでしょう。

第4章で井伏鱒二の『黒い雨』を取り上げました。原爆投下後の広島を舞台にした小説ですが、作中、人物が語るこんな一節があります。

**「戦争はいやだ。勝敗はどちらでもいい。早く済みさえすればいい。いわゆる正義の戦争よりも不正義の平和の方がいい。わしらは、国家のない国にうまれたかったのう」**

淡々とした記録小説ですが、この部分は例外的な直接の叫びのようになっています。中央公論編集長などを歴任した評論家の粕谷一希氏（1930～2014）は著書『戦後思潮　知識人たちの肖像』（1981年、日本経済新聞社）で、井伏について、「時流を用心深く避けている風がある。けれども、ユーモアとナンセンスをよそおったとぼけた味わいの底に、端《たん》倪《げい》すべからざる眼識と活力を秘めている」と評しています。井伏ならではの、味わい深い地域の本音の吐露と言えるでしょう。

## 米中対立が日本企業に与える影響

米中対立は経済の世界にも及んでいます。日本企業も貿易やサプライチェーンの構築で影響を受け、中国ではビジネスパーソンの拘束も起きています。制裁や行動規制は政府が決めますから、企業としては守らざるを得ません。「地政学」や「経済安全保障」が叫ばれています。企業活動の継続には細心の注意を払いながら、成長につなげる戦略と行動が問われる厳しい時代です。

しかし、そういう時代だからこそ、企業にできることはあるはずです。経済と人の交流を可能な限り進め、対立したり戦争したりすることの無意味さを地域に広げることです。企業活動は平和を前提にしてこそ成り立ちます。戦争で直接利益を得るのは兵器関連企業だけです。１９５０年の朝鮮戦争で日本経済は利益を得ましたが、それは当時の経済水準が極めて低かったからです。今の状態で戦争が起きれば、混乱の方がはるかに大きくなるでしょう。

トヨタグループの基礎をつくった豊田佐吉の言葉に「障子をあけてみよ。外は広いぞ」があります。「視野を広げよう」という一般的な意味のように感じますが、違います。佐吉は第一次世界大戦が終わる１９１８年、中国・上海を訪問します。現地に工場を建設するため、「中国は大切な国で、日本と離れることはできない。実業家が親善の実を上げなければならない。商売でお互いを理解することで親善と友好の関係ができる」と社内を説得しますが、周囲の反対にあいます。その時語った言葉が、「障子をあけてみよ」です。単なる商売ではなく、経済人として国際関係の一翼を担おうという矜持《きょうじ》を感じます。

大国同士の対立に一企業が関与することは、簡単ではありません。しかし、経済はお互いの繁栄が前提で、友好あってこその産業です。日本のビジネスパーソンは、アメリカや中国、日本政府の主張をそれとして受け止めた上で、自分の頭で考え直し、自分の言葉で語る覚悟が必要でしょう。そのため、頭の中に政府とは異なる空間を創り、洞察力を意識して働かせることが求められています。

# 第7章

# キャリア形成
## ――自律力で生きる

ビジネスパーソンにとって、キャリア形成は生き方そのものです。会社の中でのキャリアをどう構築していくか、会社を離れた自分自身のキャリアをどうするか、人生全体をどうデザインするか。高度経済成長時代はあまり深く考える必要もなかったことですが、今は切実です。この問題は俯瞰《ふかん》的に語ることもできますが、キャリア自体は極めて個人的なテーマです。本章では自分の経験を通じて語ってみようと思います。

私にとってのキーワードは二つあります。「ライフシフト」と「キャリアコンサルタント」です。私は2022年12月に65歳で定年退職し、翌2023年4月から5カ月間、「ライフシフト大学」という教育機関に入学しました。大学といっても民間企業が運営する学び直しの場です。まず「ライフシフト」について報告したいと思います。二つ目の「キャリアコンサルタント」は国家資格ですが、退職直前の2022年8月に合格しました。退職を控えた時期、「将来はどうしようか」というもやもや感を抱えた時に知った資格で、記者生活の合間を縫って勉強しました。その際に学んだことを基礎に、「キャリア」と「キャリア理論」について考えてみたいと思います。

## リンダ・グラットンと『LIFE SHIFT』の衝撃

２０１６年11月、『LIFE SHIFT（ライフ・シフト）１００年時代の人生戦略』（池村千秋訳、東洋経済新報社）が出版されました。著者はロンドン・ビジネスクール教授のリンダ・グラットン氏とアンドリュー・スコット氏です。日本で「人生１００年時代」という言葉は、この本によって広まりました。グラットン氏は、安倍政権で設置された「人生１００年時代構想会議」の構成員となり、たびたび来日して注目されました。

彼女はイギリスのリバプール大学で心理学の博士号を取得しました。人材論、組織開発の論者として著名で、世界で最も権威ある経営思想家ランキング「Thinkers50」で２００３年以降、毎年ランキング入りしています。世界規模の変化を踏まえて個人の働き方を論じた『ワーク・シフト　孤独と貧困から自由になる働き方の未来』（プレジデント社）を２０１２年に刊行し、「漠然と迎える未来には孤独で貧困な人生が待ち受け、主体的に築く未来には自由で創造的な人生がある」というメッセージを発信しました。『LIFE SHIFT』はこれに次ぐ邦訳でした。

58歳で一記者に戻っていた私は、将来の人生設計について考え始めていました。当時、勤めていた朝日新聞社の定年は60歳でした。再雇用で給与を減らして一記者を続ける、さてその後、どうするか、どう生きるか、資金計画は大丈夫かなどなど、考えることはいろいろありました。『LIFE SHIFT』が出版されたのは59歳の時で、早速買いました。経済記者として少子高齢化社会の課題や社会保障の行方にも関心がありましたが、買った動機は自分事として読むことが第一でした。

本を手にして、全体構想の大きさがまず大変印象的でした。目次を並べてみると、序章「100年ライフ」、第1章「長い生涯——長寿という贈り物」、第2章「過去の資金計画——教育・仕事・引退モデルの崩壊」、第3章「雇用の未来——機械化・AI後の働き方」、第4章「見えない『資産』——お金に換算できないもの」、第5章「新しいシナリオ——可能性を広げる」、第6章「新しいステージ——選択肢の多様化」、第7章「新しいお金の考え方——必要な資金をどう得るか」、第8章「新しい時間の使い方——自分のリ・クリエーションへ」、第9章「未来の人間関係——私生活はこう変わる」、終章「変革への課題」となっています。

日本でも大量の自己啓発本が出ています。それぞれ工夫されていますが、ある本は精神論に傾いていたり、ある本は目先のノウハウに偏っていたり、ある本は海外の理論の引き写しだったりしています。しかし、『LIFE SHIFT』は、技術を中心としたビジネス社会の潮流について、歴史と現状を分析し、未来を予測しています。そうした大状況を踏まえて、個人に及ぼすミクロの影響を探り、各人ができそうな選択肢を提示しています。何を選ぶかは個人に委ねつつ、選択のポイントとなる各人の「見えない資産」を列挙しています。重要なことは選択そのものですが、前提として家庭や健康や、資金計画があり、人脈としてのネットワークも重要です。社会システム全体を変革する必要もあり、企業と政府には非常に大きな役割があります。

この本はこれら全体像に目配りし、具体的かつ合理的に論じています。日本人が書いたものので、ここまで濃密で説得的に人生の生き方を書いた本は思いつきません。読み終わって一番感じたことは、「60代で引退という選択肢はもうない。80歳まで働くしかないな」ということでした。シンプルな結論ですが、将来に向けた覚悟が決まったとも言えます。

## 長くなった人生をどう生きるか

私がこの本から学んだことを自分なりに整理して、列挙してみたいと思います。

「人生100年時代」は時間の延びであり、寿命の延びです。少子高齢化も進むので、人間の「一斉行進」が終わることでもあります。たくさん生まれて、同じような道を歩く時代は終わりました。そうした時代には、異なる年齢の人たちが同じシステムで働くことになります。人事制度をめぐる争いが始まり、企業は新しい人事制度に向けた模索、政府は関連した制度の政策調整が必要になります。働く個人としては、自己投資を怠らず、選択肢をキープすることが重要になります。自分の価値とアイデンティティーをどう人生に反映するかが求められます。

健康寿命をどう延ばすかも課題です。具体的には高齢者の健康改善がテーマになります。企業年金は減り、公的年金も細っていくでしょう。産業構造も転換し、時代にマッチしたそれぞれのスキルが必要になります。デジタル技術を活用したスマートシティで雇用を創出することや、地域の大学や学び直しの場の重要性も増していくでしょう。人生に満足している人の共通項は、深くて強力な人間関係があることです。長く働いてやりがいとお金を手にし、自分にふさわしいコミュニティと接して自己再生することが大切です。

経済学の分野で注目される考え方に「イースタリンのパラドックス」があります。国の平均所得と個人の平均的な幸福度に直接の関係はないという現象です。所得以外の要因が人々の幸福感を左右していることになります。働く人にとって「ライフシフト」のために3つの資産が重要になります。第一は「生産性資産」です。スキルであり、文章力であり、社会的教養でもあります。第二は「活力資産」です。肉体的健康、精神的健康が重要になります。脳は筋肉と同じように鍛えれば機能を高められるのです。脳の機能低下を避けるためには体を動かすべきだとされています。第三は「変身資産」です。自己認識、人脈、新しい経験に開かれた姿勢が必要になります。

ＡＩ時代に必要な能力は３つあります。第一は「新しいアイデアと創造性」、第二は「共感能力」、第三は「思考の柔軟性と敏捷性などの汎用的スキル」です。これらを達成するには、新しい状況に合わせたリベラルアーツが必要になります。「経験学習」や「暗黙知」はキーワードです。イノベーションこそ人間らしいとも言えます。

自己抑制（セルフ・コントロール）も重要になります。脳の前頭葉は進化のプロセスで比較的最近（約15万年前）に発達した領域で、認知や合理的思考と長期計画を司る部分です。一方、もっと古くから存在する辺縁系という領域があります。人の情緒的・本能的反応を司ります。これは象（辺縁系）と象使い（前頭葉）の関係になぞらえることもできます。両者の願望が食い違った場合、結局は象（辺縁系）の主張が勝ってきました。人間は合理的な長期の計画より、目先の満足に傾きがちなのです。そう考えれば、長期的な計画を重視し、未来の自分に責任を持てるかどうかがカギになります。短期より長期の視点で行動できるかどうかです。

多くの人は時間に追われる「時間貧乏」だと思っています。労働時間が減っても現代人は忙しく過ごしていますが、こうした感覚の克服も必要です。時間配分は重要で、特に余暇の時間は、娯楽の「レクレーション」から自己を再創造する「リ・クリエーション」が重要になります。個人レベルの自己改善が盛んになり、サポートする産業も生まれてくるでしょう。人生の設計と時間の使い方を根本から見直すべきです。グローバル化でロールモデルが世界に存在することがわかります。計画と実験が重要になり、自己効力感と自己主体感を育む必要もあります。やる気や前向き、上手な時間の使い方といった無形資産が重要になります。

## 「一斉行進」の終焉

グラットン氏の言うことをすべて完璧に実行できれば、それは素晴らしいことです。しかし、逆に呪縛になってしまえば、苦しさが増して本末転倒にもなりかねません。本の内容を強く意識しながら、ゆるく実行するのが私の性に合っているようですが、本にあった「一斉行進」という言葉が強く印象に残りました。この言葉を実情に即して少し細かく考えてみたいと思います。

日本に限らずこれまでの先進国では、人生のステージは3つでした。20歳前後まで「教育」を受け、60歳まで「仕事」をし、それ以降は年金をもらって「引退」していました。平均寿命が60~70代ならこれでよかったのです。子どもたちがたくさん生まれ、同じような規模でずっと生まれれば、社会全体の確実性と予測可能性は高まっていきます。安定した社会になるはずでした。しかし、この歯車が狂っていきます。

医療の発達や栄養の改善、健康知識の普及などで平均寿命は年々延びていきました。厚生労働省の発表では、２０２１年現在の日本人の平均寿命は、男性が81・４７年で世界3位、女性が87・５７年で世界1位という長さです。長寿自体は大変喜ぶべきことですが、人生のステージは変えざるを得ません。まして「人生１００年時代」と言われています。

しかし、少子化は予想を上回るスピードで進み、かつて２００万人を超えたこともある出生数は、２０２２年に77万７４７人となりました。80万人を割ったのは統計を取り始めた１８９９年（明治32年）以降で初めてです。この年は日露戦争が始まる5年前というかなり昔です。少子化はずっと続いていましたが、高齢化によって人口減少は見えにくくなっていました。しかし、死亡数も過去最高の水準になっており、これからは人口減少も激しく進みます。

戦後日本は、大勢の子どもたちが塊のように学校に行って大人になり、企業に勤め、定年退職をして年金をもらっていました。まさに「一斉行進」をしていたのです。周囲を気にし、同調し、忖度しながら、企業人として私生活を犠牲にして仕事に励んできました。新卒一括採用、終身雇用、年功序列といった日本型経営が完成しました。さすがにバブル崩壊後、日本型経営の維持が難しくなり、正社員のリストラや非正規採用が増えました。日本型システムは大きく軋《きし》んでいますが、一斉行進型の骨格はまだかなり残っていると言っていいでしょう。

しかし現実を見れば、一斉行進はもはや不可能です。70代中盤の団塊の世代を中心に、若い世代になるほど人口は減っています。出生数が80万人を切る時代ですから、若い世代はかなり細くなっています。高齢者の年金を支えるのは若い人たちの働きですから、今のレベルで永久に負担するのは不可能になっています。

定年後の高齢者は即引退ではなく、定年後も可能な限り働いて稼ぎ、やりがいを持って生きる必要に迫られます。若い人たちもそうした将来をにらんで、自らの人生設計をする必要があります。3ステージの人生を、もっといろいろな場面があるマルチステージにする必要があるのです。一つの会社にずっと勤めるのではなく、学び直し、副業・兼業、個人事業主やフリーランス、起業、ボランティアなどを視野に主体的にキャリアを形成する必要があります。周りについて行く一斉行進ではなく、自分なりの選択肢を持って行進する時代、まさにライフ・シフトなのです。

## 記者から文章塾にライフ・シフト

私は２０１７年３月から、郷里静岡県の浜松支局員兼掛川支局長となりました。勤めていた朝日新聞社はこの年、60歳だった定年年齢を65歳に延長しました。この結果、私は65歳定年の社員となりましたが、給料がダウンすることは変わらず、退職金の受け取りが５年延びることが大きな違いでした。

郷里での一記者は、一人で持ち場をカバーするので大変ではありましたが、楽しい日々でした。担当自治体は、天竜川以東、大井川以西の地域です。遠州の中部・東部という意味で地元では「中東遠《ちゅうとうえん》」と呼ばれています。遠州の中心は政令市の浜松市ですが、中東遠は浜松ほど都会ではなく、市街地が点在する田園地帯でした。加えて、浜松市を含む遠州全域の経済も担当しました。遠州をカバーする記者は当時３人いましたが、一声かければどの地域のどのネタを書いてもいい状態だったので、大変自由な雰囲気でした。

遠州には高校を卒業する18歳までいましたが、遠州に関する知識はごく限られていました。郷里で記者になって、南は太平洋から北は長野県境、西は浜名湖、東は御前崎や牧之原台地まで、中古の私有車で駆け抜ける毎日で、多くの人と自然に触れあいました。第２章で紹介したように週１回の長期連載を許され、地域の偉人や歴史、文化を掘り起こす「遠州考」という企画記事を３年間書きました。ホンダ創業者の本田宗一郎とトヨタ自動車創業者の豊田喜一郎が遠州出身だったので、『宗一郎と喜一郎　ホンダとトヨタとニッポンの物語』という週1回の連載を1年間続けました。いずれも地元出版社から本にしましたが、これら連載の取材・執筆は至福のひとときでした。

定年後にどうするかはもやもやした状態でしたが、一つの取材が偶然のヒントとなりました。派遣社員として製造業の技術現場で働いていた人が、特殊樹脂のアート作品を創る先生になり、全国に生徒を持っているという記事を書きました。樹脂のアート作品が海外で人気を呼んでいることを知り、自分でつくって売ろうとしました。しかし、なかなか売れません。営業がうまくいかないのです。ベンチャー塾に通ったりして試行錯誤した結果、「自分が先生になって教えるビジネスモデルがよさそうだ。生徒はネットで全国から集めればいい。ニッチでもニーズはある」と考えました。テキストをつくり、オンライン講座でキット付きの個別指導を始め、任意団体を設立して資格証を発行しました。今では認定講師も複数誕生し、このアートのコミュニティができています。中心になった人は「勤めていた会社で管理職的な業務が増えて体調を崩すこともあった。起業は思ったより早くうまくいった。好きなことだから長時間やっても苦痛はない。年収はサラリーマン時代よりはるかに多くなった」と話していました。

記者ですから、記事を書いて収入を得るのがもっとも正当的です。しかし、雑誌が元気な時代ならまだしも、出版不況では一部のライターを除いて現実的ではありません。若手・中堅ならまだ有望ですが、シニアには厳しい道です。しかし、このアート作品の先生の取材をした後、「教えるモデルが有望」と強く感じました。記者が教えるとなれば、日々書いている文章が最有力。文章の極意をテキストにし、講評付きの添削をしたらどうか。時事や教養に詳しくなるように平日毎朝メールマガジンを発行して届けよう。集客にはホームページが不可欠で、コラムやニュースを発信して読んでもらおう――そんな構想が固まっていきました。

## ライフシフト大学との出合い

２０２２年12月に退職後、「長谷川キャリア文章塾」を屋号とする個人事業を始めました。個人事業を選んだのは、郷里で一記者をやり、一人で活動することのおもしろさを知ったからです。それ以前、編集局の管理職を長く務めていました。管理職は紙面や人事など各種決定の判断やメンバーのモチベーションアップなどのマネジメントが仕事です。具体的には紙面企画、記者の配置や異動、対外折衝などが主な業務でした。いずれも重要な役割です。しかし、見方を変えれば、「人の面倒見」が中心です。これはその時には必要なことで、人を育てて次の時代を担ってもらうことにはなりますが、自分の手元に具体的なものは残らないとも言えます。

管理職後、一記者に戻って得た最大のスキルは、実務能力です。取材や原稿を書いて出すノウハウは、言語化しにくい面がありますが、シニアになって記者をしたことで、取材・執筆の自信を回復しましたし、パソコンやカメラなどデジタル機器を使う力もつきました。自分でやりきる確固としたマインドが身につきました。個人事業は税務署に書類を提出するだけで始めることができます。主な初期投資はパソコンとプリンターだけで、あとは事務用品のみです。

文章塾の本質に関わる詳細は第8章で触れますが、コンセプトは「書くことは考えること」です。書くことは小手先の技術ではない、書く前に何を伝えたいかを考えることこそが重要、というメッセージです。文章を書くには、二つの要素があります。まず余分な言葉を減らすといった基本ルール、次に内容を豊かにする知識・教養です。出してもらった作文を添削し、この2点について詳しく講評します。評価すべき点は評価し、課題も指摘します。

平日に毎朝出すメールマガジンは、日々のニュースと一口解説、週替わりの教養講座などを掲載し、知識・教養に対する関心を持つきっかけとしました。特製テキスト「文章の極意」を制作し、折に触れて見てもらうようにしました。

対象は社会人、就活生（大学生）、大学受験生（高校生）の3グループを想定しました。新聞社の先輩から「カギは営業だ。サービスがいいからお客さんがつくわけではない。最初は恥をしのんで友人知人に頭を下げないといけない」とアドバイスを受けました。考えられる範囲に声をかけたり、資料を送ったりしました。その後、朝日小学生新聞の１面コラム「天声こども語」の執筆依頼があり、知人の企業からセミナー講師の要請がありました。手堅く予測した最初の３年間の目標を立て、初年度は一応達成していますが、将来を見据えれば、打つべき手はいろいろあります。

誤算はネットでの集客がまだ今一つという点です。先に書いた特殊樹脂のアート作品の講座はネットで全国から集客をしており、それを見習ったのですが、今のところまだまだです。開設半年余りの時点で、事業としては文章塾、コラムなど執筆、企業の研修・セミナー講師の３分野に定めています。

個人事業主やベンチャーの経験談を読むと、最初は幅広く模索する、事業分野は活動しながら固まっていく、という傾向があります。私もネットを検索し、関連のありそうなページをたくさんチェックしました。企業の人事戦略やデジタル化などに関する無料のウェブセミナーが多く開かれており、関心のあるものを見ました。ＭＢＡの入学案内セミナーにも参加し、模擬授業も受けてみました。こうしたセミナーはそれぞれ参考になるので、これからも必要に応じてみようと思いますが、目に留まったのが、今回紹介する「ライフシフト大学」

です。グラットン氏の本を読んでいたので、イメージが湧きました。

## ライフシフト大学受講記①

ライフシフト大学は大学を名乗っていますが、「日本のキャリア自律文化を創造し、活力ある社会づくりに貢献する」というパーパスを掲げるライフシフト社が運営する学び直し機関です。大学の理事長と会社の社長は、多摩大学大学院名誉教授の徳岡晃一郎氏が務めています。徳岡氏は日産自動車人事部出身で、コミュニケーション会社のフライシュマン・ヒラード・ジャパンを経て、多摩大大学院教授を兼務し、2017年に還暦を機に企業研修のライフシフト社を設立。2019年10月から学び直しのための大学をスタートさせました。自らライフシフトを実践しながら、かつ教えているというライフシフトのお手本のような存在です。

募集案内には次のようなキャッチフレーズが並びます。「人生100年、80歳現役の時代を生き抜くための学び直しの場」「社内価値を生み出す知の再武装」「豊かな100年人生のためのライフデザイン」「社外へ挑戦する市場価値アップ」「自社内でやりきるための知のアップデート」「変化の激しい時代に対応すべくライフスタイルを柔軟に」「人生100年を視野に選択肢を増やしキャリア寿命を伸ばす」「諦めない、縛られない、しがみつかない」などです。

ライフシフト大学の４つの特徴をあげておきます。第一は「ラーニング（Learning）」。自分の強み弱みを把握し、最強の講師陣とともに深い学び直しを経験し、内からの自信が湧き、自分史上最高の自分に磨き上げます。第二は「イノベーターシップ（Inovatorship）」。「知・情・意」の再武装により、自分を変革し、現実を変え、社会を変えていくマインドを獲得します。第三は「フューチャー（Future）」。自己のアップデートを習慣化し、視座を高め、キャリアの自分化、第二の人生へ向けてポジティブで納得のいく選択肢が描けます。第四が「エンカウンター（EnCounter）」。未知の自分、異業種の仲間、師やメンター、アラムナイなど今後の人生につながる幾層もの新たな出会いとネットワークが待っています。

これら４つの頭文字をつなげると、「ＬＩＦＥ＝ライフ」となります。読んでいてわくわくするような気分になってきました。どうしてでしょうか。グラットン氏の本を読んでいたせいもあるでしょう。語られている言葉が、前向き感のある積極的な表現だったこともあるでしょう。変化する社会に対して企業は十分に対応していない、働く人を支援する姿勢も乏しい、企業の対応を待っていては何も変わらない、自分が変わるしかない、学びで知の再武装をするしかない、というメッセージが響いたのでしょう。

自分が変わるための「変身資産コンセプト」というプログラムもあります。概要は次の通りです。80歳まで現役の力を蓄えるには5つの能力を伸ばす必要があります。第一は「マインド」。変化に対して前向きでいる精神力で、ポジティブマインドセット、未来へのビジョン、チャレンジ精神がポイントになります。第二は「知恵」。変化を読んで活用する実践知で、教養、経験、スキル、知識がポイントになります。第三は「仲間」。変化から助け合って知を生み出す友人で、近しい友人、ビジネスネットワーク、ソーシャルネットワークがポイントになります。第四は「評判」。変化の中で埋没しない信頼とアピール力で、発信力、共感力、独自性がポイントになります。最後は「健康」。変化を乗り切る基礎体力で、各種の健康数値、ストレスコントロール、睡眠、食生活、運動がポイントになります。

文章塾や研修講師をする場合、知の再武装と挑戦する覚悟が必要だと思っていたので、応募を決めました。応募にあたっては、履歴書と職務記述書に加え、4本のエッセイを提出します。2023年4月入学の場合、4本のテーマは、①具体的な志望理由、②目標実現のために実行してきたこと、アピールポイント、③ライフシフト大学を通じて達成したい志やビジョンと具体的な理由、④業績や地域貢献など自身の実力やパーソナリティを示す具体的な事実や実績、でした。それぞれに自分の思いを書きました。

## ライフシフト大学受講記②

入学式は4月1日の土曜日で、ブラジルや九州、関西からの受講生も含めて18人の男女が同級生となりました。最年少は39歳で、最高齢は私の65歳です。ライフシフトの意欲に燃えた人、レベルアップしたい人、もやもや感を抱えた人、いずれにしても多士済々です。社会人が対象なので、講義は土曜日です。「ライフシフト概論」「ウェルビーイング」「イノベーターシップ概論」「コミュニケーション講義」「自己PR力」などの講義が1日か半日続きます。後半は演習が中心で、2企業から課題を聞き、2チームに分かれて課題解決の提案をします。チーム内の話し合いは平日夜にオンラインで実施しました。アートや座禅、越境体験としてライフシフト大学出身者による特別研修やワインテイスティング、他団体との交流体験、有資格者と1対1で行うコーチングもありました。動画のオンデマンドによるeラーニングもあります。「ライフシフトプランニング」「ベテランロール」「イノベーション」「リベラルアーツ」の4分野に分かれて計50本あり、それぞれ20分前後の内容です。大変おもしろく、1カ月間ですべて見てしまいました。また、多摩大学大学院の講義を一つ受講できるコースを選んだので、徳岡氏の「イノベーターシップの実践」を選択し、大学院の空気にも触れました。

難物は課題図書読書でした。大型連休前に課題の2冊から好きな1冊を選び、連休後に話し合います。私は國分功一郎東京大学大学院教授が書いた『暇と退屈の倫理学』を選びました。2022年に「東大・京大で1番読まれた本」の帯が付いていますが、パスカルやハイデッガーら西洋哲学者の知見を駆使して、暇と退屈を考える内容です。暇と退屈は日常的に経験していますが、本格的な西洋哲学の内容に触れることはほとんどありません。字面は理解できても、前後のつながりがよくわからなくなり、行きつ戻りつしました。最後の結論は驚くべきものではありませんが、400ページを超す内容を読んでの終着点であり、感慨もありました。こんな本の読み方は大学生以来ではないか、強制されなければ読まないだろうな、と感じました。ただ、大きな収穫を得ました。多くの人たちの著書や主張を紹介しながら自説を展開する書き方で、「このやり方は素晴らしい」と発見しました。本書は『暇と退屈の倫理学』の書き方を参考にしていることも告白しておきます。

講義などで記憶に残った言葉を3つ紹介します。

第一は「半径5メートルの世界観」です。日本のビジネスパーソンの姿を指しています。目先のことに追われて、机の周辺しか視野や関心が及ばない、という意味です。目の前のことを一生懸命やるのは重要で、非難されることではありませんが、5メートルにとどまっていては、問題は小さくありません。社内の競争や人事ばかりに関心が向き、上司に忖度し、同僚には同調し、夜は酒浸り。まったく身に覚えのないという人はいないでしょう。変化の激しい時代ですから、未来のことも考えながら行動しなければなりません。創造の空間をどう創るかは、日本企業と個人の両方に関わってくる大きなテーマでしょう。

第二は「終身知創」です。これまでは終身雇用の時代でしたが、これからは一生、知識を創造する必要があるというメッセージです。「知のアップデート」とも言います。２０２２年に生成ＡＩのChatGPTが登場し、大きな関心を集めています。どう活用していくかは人類の未来を左右する大きな問題ですが、私たちのレベルではまず使ってみて自分なりの考えを持ち、いろいろな意見に触れて考えを深めることが重要になります。こうした知識はビジネスだけではなく、趣味も含めてすべての分野にあります。時代認識や問題意識を持ち、アンテナを立て、適切にアップデートする心構えが必要になります。

第三は「ＭＢＢ」です。第2章でも触れましたが、「Management By Belief」の略で、「思いのマネジメント」という意味です。目標に踊らされるのではなく、自分の思いや信念をしっかり持って、仕事を主体的にデザインしようという考え方です。企業である限り、成果を出すことは必須ですが、数値目標をいったん掲げると、数字が独り歩きして現場が形骸化することは起こりがちです。日本の場合、特にその傾向が強いように思います。

学校教育で「正解は一つ」と教え込まれたことが影響しているでしょう。最近は「正解がない時代」と言う人も増えていますが、正解の有無で判断する日本的思考は変わっていないと感じます。「正解は一つではない。複数ある」が現実だと考えます。一つの道を選択し、そこでどう行動するかによって結果は変わってきます。結果は選択と行動によって左右されるはずですが、日本人は選択ですべてが決まるように考えがちです。選択の段階で正解を求めるので、正解を過剰に求めて行き詰まってしまい、仕事がちまちまし、つまらなくなってしまう傾向はないでしょうか。自らの思いに従って選択し、強い思いで実行していけば、道は開けると考えるべきでしょう。本田宗一郎や豊田喜一郎が優れていたのは、車をつくりたいという人一倍強い思いです。時代が変わったからといって、思いの重要性は変わらないでしょう。

## 国家資格「キャリアコンサルタント」

ここで時計の針を新型コロナウイルスが拡大した2020年春に戻します。当時、「3密回避」が強く叫ばれ、人との接触を減らし、自宅で仕事をするリモート勤務になりました。当時、自宅は浜松支局近くのマンションでしたが、パソコンを家に持ち帰り、取材は直行直帰の生活になりました。最初は不便を感じましたが、自宅を拠点にした生活はだんだん快適になりました。ちょうどこの頃、定年退職まで３年を切り、退職後のことを真剣に考え始めました。

まず考えたのが資格取得です。資格に関する本を図書館で借りて、ページをめくりました。弁護士や公認会計士、税理士は、資格を取れば収入も多そうですが、試験に合格するハードルはかなり高くなっています。「今さら何年も勉強できないな」という気持ちも湧いてきます。社会保険労務士や司法書士、行政書士などもありますが、こちらも今さら細かな制度を覚えるのは性に合いません。資格は思った以上にたくさんありましたが、目に留まったのが「キャリアコンサルタント」です。

学生や社会人に対してキャリアに関する相談や助言をする資格で、かつては民間団体が認定していましたが、２０１６年４月に国家資格になりました。政府は２０２４年度末までに10万人に増やす計画を掲げています。国家資格になった時点からほぼ倍増させる目標で、担当の厚生労働省が力を入れています。

キャリアコンサルタントが必要とされる社会的背景は３つあるとされています。第一は「少子高齢化」、第二は「経済のグローバル化・ボーダーレス化」、第三は「社会や技術の変化の加速化・高度化による不確実性の高まり」が指摘されています。これらの変化は、企業と個人の関係の見直し、個人の職業能力の向上を迫っています。小学校から大学までの「キャリア教育」、社会人に求められる「リスキリング」、経営のテーマに浮上した「人的資本経営」もこの延長線上にありますが、全体を貫くキーワードが「キャリア自律」です。きれいに言えば「個人が輝く社会のための人づくり」と言えますし、厳しく言えば「ビジネスパーソンは会社に依存せず、自力で生きていかなければならない」ということになります。

経済記者をしていたので、企業のあり方については、経営と労働の両面から関心がありました。資格を取ればすぐに多くの収入があるというわけではないようですが、国家資格ですから一定の信用があり、何をやるにしても多少は生かすことができると考え、受験しようと決めました。国家試験を受験するには、民間機関が実施する養成講習を受ける必要があります。試験は学科と実技の2種類です。学科は4択のマークシート方式で、実技は論述と面接に分かれます。養成講座を含めて1年近くかかるので、本腰を入れる必要があります。

## 資格以外に得られた2つのもの

試験を受けて大きく二つの収穫がありました。一つは米国発のキャリア理論を知り、その内容に驚いたこと、もう一つはコンサルティングの奥深さを知ったことです。

まず、キャリア理論から説明したいと思います。キャリア理論は、「職業を軸とした生き方理論」です。退役軍人の処遇、月へ人間を送るアポロ計画を遂行するため能力開発など時代の要請を受けてアメリカで進化してきました。アメリカらしい功利的な学問理論です。特徴的な5人の理論家と理論を取り上げます。少し長くなりますが、自分のキャリアと重ね合わせて考えることで意味を持ってくると思います。

最初は、戦後の大家とされ、「自己概念」を軸に理論を考えたドナルド・スーパー氏（1910〜94）です。「今現在、あなたは何者で、何をしたいのか、何をすべきなのか」を問いかけてきます。

父親はYMCA（キリスト教青年会）で相談業務に従事しており、失業に立ち向かう人たちを知って関心を持ちました。自己概念は「自分は何者か」という自己イメージで、職業的自己概念の形成について考察しました。著名な理論が、職業発達を5段階とした「ライフ・ステージ」です。成長（0〜14歳）、探索（15〜24歳）、確立（25〜44歳）、維持（45〜64歳）、解放（65歳以降）に分け、年齢に応じて役割の変化があり、継続的な訓練や準備が必要だとしました。最近の「リスキリング」とも通じます。年代に応じてキャリア形成を考えるという見方は当時、新しいものでした。

人が生涯に応じて果たす役割は6種類あるとした「ライフ・ロール」も著名です。6種類は、子ども、学習する人、余暇人、市民、労働者、家庭人です。これに配偶者、親、年金生活者を加えて9種類とする場合もあります。ライフ・ステージとライフ・ロールを組み合わせて、「ライフ・キャリア・レインボー」という図式もつくりました。今では当然と受け止められていますが、「人生には多様な場面や役割がある」という認識を確立した功績は大きなものがあります。

2人目は、エドガー・シャイン氏（1928〜2023）で、「キャリアは外向けの肩書と内面の誇りの二つある。あなたのこだわりは何ですか」と問いかけます。

「組織心理学」という言葉の生みの親で、陸軍病院で捕虜から復員した兵士の洗脳や教化を通じて、組織と個人の関係を研究しました。著名な考え方は、外的キャリアと内的キャリアに分け、組織と個人の関係を整理したことです。前者は会社名や肩書、役職など履歴書に書くようなキャリア。後者は、職業生活や役割について自分なりに意味付けしたものです。これによって組織と個人の相互作用、組織内での個人の発達という視点を獲得できるようになりました。

「キャリア・アンカー」という概念が特徴で、アンカーは「船の錨」という意味です。個人が選択を迫られた時、その人が最も放棄したがらないこだわりで、欲求、価値観、能力などに基づきます。8つのカテゴリーがあり、①専門・職種的コンピテンス（特定の業界や職種へのこだわり）、②全般管理コンピテンス（管理的職位を目指す）、③自律・独立（規則に縛られず自律を重視）、④保障・安定（生活の安定第一）、⑤起業家的創造性（起業や創業を好む）、⑥奉仕・社会貢献（人の役に立つ）、⑦純粋な挑戦（常に挑戦を求める）、⑧生活様式（仕事と生活の調和優先）に分類しました。キャリア・アンカーで個人の希望を明確にしながら組織のニーズを分析し、職務や役割を戦略的に開発するよう提唱しています。

３人目はマーク・サビカス氏（１９４７〜）で、「あなたはどんな物語をつむいできましたか。これからはどうですか」と語りかけます。

スーパーの理論を引き継ぎ、21世紀のキャリア理論と言われる「キャリア構築理論」を唱えました。働く人を取り巻く環境が不安定なものに変化しているという考えから、働く人の立場に立って、客観的なキャリアより個人の主観的な「意味あるストーリー」を重視すべきだと主張しました。相談者の弱さや限界ではなく、希望や強さに焦点をあて、励ますコンサルティングにつなげています。背景には、父親が定職に就けず、不安定な仕事を掛け持ちした経験もありました。

サビカスの手法は「ナラティブ・アプローチ」と呼ばれ、個人の物語を大切にします。相談者とのインタビューでは、お手本、お気に入りの雑誌・テレビ番組・本、モットー、幼少期の記憶を聞き、自分をデザインし、自分という感覚を持ってもらいます。一見ばらばらに思える経験を統合し、その人のアイデンティティーを確立してもらい、相談者は自己肯定的で前向きな気持ちになっていきます。

ナンシー・シュロスバーグ氏（1929〜）は、人生の転機（トランジション）を考察した理論家として知られ、「自分の転機を認識し、あなたらしくタフに乗り越えましょう」と訴えます。

夫の転勤に伴って引っ越しを重ねた経験が基盤になっています。結婚、離婚、転職、出産、失業などの対処法を構築しました。それまでの理論は、年齢や思春期、中年の危機など発達段階を基本にしていましたが、個人の人生上の出来事を転機ととらえたことが新しい点でした。

転機を3つに分類しています。①予測していた転機、②予測していなかった転機、③期待していなかったものが起こらなかった転機、です。転機に際して途方にくれたり、心的外傷を受けたりする一方、成長のための変化を促す機会にもなるので、マイナスの影響を抑えて、論理的に対処する方法を追求しました。

転機に対処するには「4S」が重要だと主張しました。①状況（Situation）、②自己（Self）、③支援（Support）、④戦略（Strategy）です。①では転機の引き金、自分でコントロールできる範囲、期間、ストレスの程度、どう受け止めているかなどを吟味します。②では自分の社会的地位、年齢、健康、ものの見方や勇気など心理的資源を検討します。③では配偶者や家族、同僚や友人らの援助、それらがどこまで有効かを見極めます。④では、状況を修正することができるか、問題の意味を変えるか、ストレスを管理するかなど具体策を考えます。この過程を通じて転機に単にうろたえるのではなく、理論的に対処する道筋を示しました。

最後はサニー・ハンセン氏（１９２９～２０２０）で、「人生は仕事だけではないですよ」と呼びかけ、バランスのとれた人生を実現し、社会に積極的な変化をもたらすことを提唱しています。「統合的人生設計」（インテグレイテッド・ライフ・プランニング＝ＩＬＰ）と呼ばれています。人生を仕事に加えて家庭や社会も含めて考え、人の役に立つことを強調している点が新しく、ＳＤＧｓ時代にふさわしいとも言えます。

また、人生に「４Ｌ」と呼ばれる４つの役割があると主張しました。４Ｌは、①愛(Love)、②労働（Labor)、③学習（Learning)、④余暇（Leisure）です。人生はこれらが組み合わさることによって、布を縫い合わせて大きな布にする「キルト（パッチワーク）」だとたとえました。人生を細切れに考えるのではなく、全体を包括的に考えるべきだという世界観があります。

考慮すべきテーマとして、次の６点をあげています。①グローバルな視点から仕事を探す、②人生を意味のある全体に織り込む、③家族と仕事を結ぶ、④多様性と包括性を大事にする、⑤精神性、人生の目的、意味を探求する、⑥個人の転機と組織の変革にともに対処する、です。生き方や価値観がますます多様化している現代にふさわしい理論と言えるでしょう。

もう一人、ジョン・クランボルツ氏（1928～2019）の「計画された偶然性理論」(Planned Happenstance Theory) も紹介しておきます。キャリアの構築はあらかじめ用意周到にできるわけではなく、偶発的なチャンスを見逃さないことや変化する環境に対応することを強調しています。偶然性を生かすスキルとして、好奇心、持続性、柔軟性、楽観性、冒険心をあげています。「人間は学習し続ける存在」と主張しており、場合によってはめげそうな就活や転職、キャリア形成に勇気を与えてくれる理論です。

これらは心理学、社会学、経済学などの知見を統合して練り上げた理論です。「言われてみれば、そうかな」と思うような理論ですが、その前提には、混沌《とん》とした社会から課題を発見し、解決策を提示する知的営為があります。アメリカはそうした学問を確立し、大学に学部・学科をつくり、関連した資格を認定し、専門家を育て、企業社会に適用して変革を図り、課題解決につなげているのです。そうした理論を輸入し、後追いで実行しているのが日本です。アメリカの覇権は以前より弱くなっていますが、高等教育のソフトパワーはまだ群を抜いていると言えるでしょう。

## コンサルティングの奥深さ

二つ目の収穫であるコンサルティングの奥深さを説明します。受験前に受ける養成講座では、２人一組になってロールプレイングを繰り返します。一人がコンサルタント役、もう一人が相談者役になり、悩みを聞きます。初心者がここで陥りがちな傾向があるのです。相談者の言うことを聞き、すぐに「こうしたらどうですか」「あの方法がいいと思いますよ」と提案し、課題解決を急いでしまうのです。例えば、次のような事例があります。

管理職になったばかりの人が相談に来ました。「不安を感じているんです。在宅勤務が多くなって顔を合わせる機会が少なくなって、コミュニケーションがしっかりとれているかわかりません。先日もオンライン会議を開いたんですが、みんなの様子をつかむのに時間がかかって、なかなか結論が出せませんでした。パソコン操作も慣れなくて」と訴えました。

初心者は少し様子を聞いただけで、「これからは在宅勤務が増えるでしょうから、慣れるように頑張りましょう。パソコン操作も勉強すれば何とかなりますよ」で終わりがちです。

しかし、ベテランの相談者は、まず聞き役に徹し、相手の話した言葉を伝え返しながら、具体的な様子や時々の気持ちを少しずつ聞いていくのです。そうすると、本当の悩みが浮上してくることがあるのです。相談者の不安は部下とのコミュニケーションではなく、管理職が集まった会議で半ば強引に仕切る管理職に接したことでした。そのリーダーシップを評価する一方、「あそこまでなりたくない」という感情が湧いてきた体験があったのです。不安の本質は、目指すリーダーシップ像が揺らいでいることでした。

解決策は自分なりのリーダー像を固め、必要な手を打つことになります。相手の話をしっかり聞いていくことで、相談者が心を開き、場合によっては相談者自身があまり気づいていない悩みの本質を見つけることがあるのです。深刻な相談をしたい人が、「これはこうです」と簡単に答えるコンサルタントと向き合えば、「この人にはわかってもらえない。話すのをやめよう」となりかねないのです。

こうしたカウンセリングに関する代表的な立場は、３つあると言われています。最初は「精神力動論的立場」です。心の動きを力のせめぎあいとする考え方で、過去や無意識から解放されるというアプローチです。フロイトの精神分析が代表的です。二番目が「認知行動論的立場」で、練習や学習をして不適切な行動を取り除くアプローチです。問題解決志向、症状除去志向となります。三番目が「自己成長論的立場」で、気づきと学びのアプローチと言われています。カール・ロジャーズ氏（１９０２〜87）のクライアント中心療法が代表的です。キャリアコンサルタントの講習では、ロジャーズ氏の理論を重視しているので、詳しく説明します。

ロジャーズ氏以前の相談は、指示を出して解決しようというアプローチでしたが、「個人は自ら成長し、自己実現しようとする力を持っている」と考え、相談者を中心に据えて支援する方向を目指しました。

カウンセラーが持つべき態度は３つあります。第一は「無条件の肯定的配慮」で、簡単に「受容」とも言います。カウンセラーの価値観で問題を取捨選択せず、相談者が表現した心の全体を大切にする態度です。相手の話の内容を肯定も否定もせず、温かな心を持って、そのまま受け止めていくことになります。

第二は「共感的理解」で、簡単に「共感」とも言います。相談者の内面を感じ取り、物の見方、受け取り方、価値観を受け入れます。感じ取った相談者の内面的な微妙なニュアンスまでていねいに伝え返し、さらに深い内面を確かめていきます。第三は「自己一致」で、純粋性とも言います。相談者を前にしたカウンセラーは相談者の心をていねいに聞くと同時に、自分自身の心も安定させ、ありのままの自分を受け入れ、取り繕わないことです。相手に同情したり、反発したりせず、冷静な自己を保つことです。

「受容・共感・自己一致」は、キャリアコンサルタント試験の重要なキーワードです。ただし、これらの態度を真に実践することは困難とも言えます。ベテランでも簡単ではありません。キャリアコンサルタントの理想のあり方として永遠に追求すべき目標なのです。

ロジャーズ氏の手法で重要な言葉があります。「傾聴」です。人間は自分の言葉を真剣に聞いてもらうと、自問自答を始めると言われます。キャリアコンサルタントが自分の心の声を聞いてくれていると安心すると、例えば誰かの批判ばかりをしていても、自分としてできること、やるべきことを探し始め、自分なりに考えて次の行動を選ぶようになります。答えは自分の中にあり、キャリアコンサルタントの支援を得ながら次の人生を模索していくのです。究極的に問われているのは「自律力」なのです。

## 企業とキャリアコンサルタントの役割

ビジネスパーソンのキャリア自律が強調されていますが、企業の責任は社員以上に大きいと言えます。企業はこれまで、「期待される人間像」という言葉に代表されるように社会に必要な人材育成を要請してきました。高度経済成長時代は正社員として大量に採用し、バブルが崩壊するとコスト削減のために非正規雇用を増やし、先行きの見えない今は「キャリア自律」を求めます。一面的に見れば、企業の都合で働く人たちが翻弄《ほんろう》されてきたとも言えます。しかし、国も企業も経済も「最後は人」です。人が最大の資源だった日本で、人口減少に拍車がかかっていることを考えれば、なおさらです。

キャリア自律に向けた支援は、企業も取り組むこととされています。企業として取り組む計画をつくり、スキル開発や学習機会の提供、定期的な面談を通じた希望把握や支援、メンタリングやコーチングの活用などが実施されています。人手不足の時代となり、キャリア形成に積極的な企業が選ばれるとも言われ始めています。しかし、どれだけの企業が、どこまで本気で取り組んでいるでしょうか。シニア活用が叫ばれていますが、高齢者の働き口は多くはありません。新卒採用が難しくなっているのでシニア活用は合理的な選択のはずですが、シニアをお荷物と考える企業は多く、高齢者雇用の現状はあまり変わっていません。形だけ取り繕うなら別ですが、真剣にやろうとすれば、費用も手間暇もかかります。これらは企業経営者の決断にかかっています。目先の業績は重要ですが、将来をにらんだ人的投資を怠ってはならないでしょう。

キャリアコンサルタント関係の団体や個人の奮起も必要です。国家試験は本来、誰でも受験できるはずです。しかし、キャリアコンサルタントは民間機関が実施する４カ月程度の養成講習を受けなければ原則として受験できません。これは国家資格以前に民間資格があり、国家資格にする段階で、国と民間の利害調整で決まったとされています。養成講習の料金は

35万円前後もします。一定の条件を満たせば国から7割支給されますが、負担は小さくありません。

講習は受験予備校的な内容としないという方針があるようで、かなり幅広くやります。それはいいのですが、受講者は受験をするために受けているので、一定の試験対策も期待します。学科試験は過去問題がわかるので、養成講習を受けなくても独学で合格できます。

実技の独学は困難で、養成講習でロールプレイングを重ねますが、講習メンバーで同じような悩みを繰り返して話すので、ネタも尽きてきます。どんな面接がいいのか、よくわからない面があります。本番の実技試験では、面接の後に審査官から評価を聞かれますが、そのやり取りもポイントになります。足りなかった点を正確に言うことができれば、客観的にとらえていたと判断され、点数は上がります。しかし、養成講習ではこうした点はほとんど教えてもらえませんでした。実技では文書に書かれた面接を論評する論述試験もコツがありますが、これもほとんど教えてもらえませんでした。私は「もう少し試験用に教えて欲しい」と講師や会社に意見を言いましたが、変わりませんでした。やむなく、キャリアコンサルタント資格を持っている個人が受験者を支援する有料サイトや有料テキストがあったので、利用しました。「目から鱗《うろこ》」のアドバイスもあり、大変有効でした。

キャリアコンサルタントの活用について、厚生労働省も一応動いています。企業に対して

「従業員の活力を引き出し、企業の成長につなげる」という触れ込みで導入を促している「セルフ・キャリアドック」が代表です。企業が人材育成ビジョンをつくり、社員に対してキャリア研修やキャリアコンサルティングを実施する制度ですが、あまり普及していません。10万人育成計画の掛け声に比べて、キャリアコンサルタントが活躍する場は多くないのです。一定の知識があることを証明するにとどまっているのが実態です。

資格は5年ごとの更新になっており、その際に更新講習が義務付けられています。関連団体が実施する任意の講習もたくさんあります。企業の人事部門に勤める社員らがこうした講習を受けています。今は資格ビジネスとして講習が盛んで、関係企業や団体が潤っている様相を呈しています。政府や関連団体には、キャリアコンサルタントの活用に向けた有効な具体策と真剣さが求められているように感じます。

## 自律したキャリアに必須の健康と生活資金

自律したキャリアを育成するには、健康と生活資金が非常に重要です。私の経験から簡単に触れたいと思います。

健康については、内科医でハーバード大学客員教授も務めた根来《ねごろ》秀行氏の著書『身体革命』（２００９年、ＫＡＤＯＫＡＷＡ）を参考にしています。アンチエイジングの観点から「若さを保つ5原則」として、細胞を大切にする、体本来の能力を生かす、よいものを体内に入れ悪いものを入れない、悪いものを体外に出す、明るく楽観的に生きる、をあげています。栄養、睡眠、運動について、基本的なことを書いています。当たり前のことをバランスよく実行しようと研究の裏付けを持って指摘しています。シンプルに「細胞を大切にしよう」というメッセージが伝わってきます。

タバコは本当に好きでなければ、吸わない方がいいでしょう。私は惰性で吸っていると判断して、30歳でやめました。食事はタンパク質とビタミン、炭水化物などバランスよく多種類を食べ、リンゴは毎朝食べます。睡眠は可能な限りベッドに8時間いるようにします。運動はストレッチを兼ねた朝のラジオ体操とウォーキング、週1回のランニングを心がけています。親族は脳や心臓の病気よりがんが多いので、内臓を大切にしたいと考えています。そうはいっても、人生はどうなるかわからないと割り切り、おおらかな気持ちで毎日を過ごすように心がけています。精神科医で評論家の和田秀樹氏の本やコラムも参考にしています。

生活資金はすべての基盤になります。年齢や家族の状況に応じて違いますが、どんなキャリアを歩むにしてもしっかり確認しておく必要があります。どれだけリスクを取れるかに関わってきます。配偶者の同意も必要でしょう。基本は、収入と支出の見通し、貯金額をしっかり押さえておくことでしょう。収入は給料、年金、その他収入です。年金額は日本年金機構に確認し、企業年金がある場合にはこちらも把握する必要があります。

支出は衣食の基本的な必要額、住宅ローンや修繕など住居関連費、レジャーや慶弔など一時的出費を把握する必要があります。投資は、投資できる額をまず決め、その範囲内で、リスクとリターンの関係をどう考えるかの作戦を決める必要があります。金融商品や地域を分散し、手数料の少ない商品選んで長期的視点から投資をすれば、大損をすることはないでしょう。野村證券ＯＢで資産運用の著書や講演が多い大江英樹氏の本やコラムを参考にしています。

健康や資金計画・運用に関する本は、たくさん出ています。専門家の意見を参考にしながら、自分の頭で判断していく姿勢が重要です。「自律力で生きる」ことが何より大切です。

# 第8章

# コミュニケーション
## ――深耕力をつける

コミュニケーションという言葉は、あらゆる場面で使われています。就活や社会人生活、グローバル化した社会で生きていくため、家族や友人との絆を深めるため……。いろいろな理由でコミュニケーション能力の重要性が強調されています。コミュニケーションの語源は、「共通項」という意味を持つラテン語です。アメリカの人類学者エドワード・ホール氏（1914～2009）は「文化はコミュニケーションであり、コミュニケーションは文化である」と定義しました。人間社会はコミュニケーションそのものとも言えます。しかし、何となく知っていても、実はよくわかっていない、という気もします。こういうテーマは深く考える必要があります。「深耕力」が求められているとも言えます。まず包括的な視点から『コミュニケーション学　その展望と視点』（末田清子・福田浩子著、2011年、松柏社）を参考文献に考えてみましょう。本章ではコミュニケーションについて、能力向上というノウハウではなく、意味を深掘りします。少し専門的になりますが、深耕力をつけるためにお付き合いください。

## コミュニケーションを考える4つの視点

これは、4つの視点があると言われています。第一は、コミュニケーションを物理的にとらえ、機械が情報を伝達する効率に焦点をあてた「機械論的視点」です。第二は、受け手が外からの刺激を選別して情報を取り入れるフィルターを重視した「心理学的視点」。第三は、当事者間にある言葉や行為というシンボルが、どう創造や意味付けされ、共有されるかに焦点を当てた「シンボリック相互作用論的視点」。第四が、コミュニケーション総体の仕組みや動きを考える「システム論的視点」です。第三の視点に沿って考えることが、わかりやすく、一般的になっています。

コミュニケーションは、シンボルを介し、人が意味付けをすることで行われます。国なら国旗や国歌、学校なら校歌や校章、制服です。人はシンボルを介してコミュニケーションをせずにはいられないのです。振り出しに戻すことはできず、再現もできず、そのプロセスが重要になります。

ニーズに分けて考えることもできます。「生存」「関係」「成長」という3つのニーズがあるとされ、ニーズの認識の違いで摩擦が生まれることもあります。Aさんが職場や個人の悩みを打ち明け、Bさんは解決策を答えますが、かみあわないことがあります。Aさんは「ただ聞いて欲しい」という「関係ニーズ」から話していますが、Bさんは職場などでの「生存ニーズ」から対策を考えているからです。よくありそうな場面です。人質事件が起きた時、人質の生存ニーズを重視して金など犯人の物質的要求を重視しがちですが、犯人が認められたいという承認欲求を持っていた場合、関係ニーズからのアプローチが有効になるのです。

## 文化とコミュニケーション

文化の主要な要素として、有形物、思考・価値・姿勢、行動パターンがあります。言い換えれば、物質文化、精神文化、行動文化です。「文化はコミュニケーションの当事者が共有するシンボルであり、コミュニケーションによってシンボルが構築、再構築される」ということができます。

人間は「社会的アイデンティティー」を持っています。集団のメンバーであることが心情的にも価値的にも重要という認識です。例えば「日本人」という自覚は、外国人に対した時に生まれます。アイデンティティー面と個人的な面があり、社会が前面に出れば異文化コミュニケーション、個人が前面に出れば対人コミュニケーションになります。

共通の文化を持った人は共通のシンボルを持ちます。具体的なシンボルには言語があり、服などの非言語もあります。人は別文化とのシンボルを絶えず調整しているのです。他集団と競争関係にある時はシンボルを守ろうとし、協調的なら目立たないようにして境界をゆるめようとします。

近年では異文化トレーニングの重要性が高まっています。本格的に取り組まれたのは、第二次世界大戦後、アメリカ企業が世界に進出するためで、赴任先での業務や生活をスムーズにする狙いからでした。日本では１９７０年代に始まりました。目標は、考え方（認知）、感じ方（感情）、行動の変容で、個人が自分の文化の境界をどう乗り越えるかがポイントになります。接客業務で、日本人は謝りながらコミュニケーションをとることに抵抗は少ないのですが、これを理解できない外国人もいます。トレーニングで大きな役割を担うのがファシリテーターで、参加者が心理的安全性の高い環境で気づきを高めることを期待されています。

## 言語の意味と歴史

コミュニケーションの要素として言語と非言語がありますが、まず言語を考えます。言語の中では、音声（話し言葉）と非音声（書き言葉、手話）があります。新約聖書に「初めに言葉があった。言葉は神とともにあった。言葉は神であった」という記述があるように、言葉は人間生活で重要な意味を占めています。

世界には５０００〜６０００の言語あると言われています。インド国内だけで１０００以上です。日本のように一つの言語が通用する国は珍しく、一人が二つ以上の言語を使う例は珍しくありません。多くは口語で、文字を持っている言語は400くらいと言われています。言語学では話し言葉の研究が主流です。もっとも使われているのは中国語の10億人以上で、英語、スペイン語、ヒンディー語と続き、日本語は9位です。英語を母語とするのは4億人余りですが、60カ国を超える地域で4億人以上が第二言語として使います。その意味で、英語は特殊な言語と言えます。

西洋の伝統では、言葉は神の言葉であり、論理（ロゴス）が中心でした。欧州では古代ギリシャから中世まで言語を学ぶことが教育の中心で、中世の大学では文法学、修辞学、論理学が重視されました。雄弁学、文献学もあり、19世紀以降、言語学が盛んになりました。特徴は、文学や民俗学と切り離し、分析的に精密化したことです。音声や意味、語用などを研究し、その後、社会学や心理学などの要素も加わりました。言語の特性として、超越性、恣意性、生産性、文化的伝承、非連続性、二重性が指摘されています。

言語に関する考察は多くあります。19世紀のドイツの言語学者フンボルトは「言語は思考を形成していく器官である」と言いました。哲学者ウィトゲンシュタインの「言語ゲーム論」と、それを踏まえた社会学者ハーバーマスの主張も影響を与えました。2人は言語の機能やコンテクスト、社会との関わりや相互作用に着目し、認識論から言語論に至る言語哲学を主導しました。

言語を歴史的視点ではなく、ある一時点の構造を研究したソシュール、言語獲得の仕組みや脳との関係に注目したチョムスキーらが登場し、言語を科学的に研究するようになりました。その後、言語能力とコミュニケーション能力の関係に注目し、機能面からの研究が進みました。最近ではメディアの影響力増大を受けて、単なる識字ではなく、メディアリテラシーにも関心が集まっています。研究対象は広く多様です。

## 言語の特徴と機能

言語コミュニケーションの特徴は4つあります。第一は「デジタル」です。言語は分断でき、恣意的に操作できます。第二は「新しい社会的現実」を創ることができることです。言葉によって概念やイメージを創ることが可能です。第三は「抽象的な思考」に重要な働きを与えます。例えば、犬を名前、種類、生物などいろいろな抽象度のレベルで語ることができます。第四は「内省的」であることです。言語を通じて他人とコミュニケーションをすることで自分と対話することができます。第二から第四は、人類の進歩に大きく貢献してきました。

次に言語と文化の相互作用を考えます。「サピア・ウォーフ仮説」という考え方があります。アメリカ先住民の言語を観察した結果、「言語はその言語を話す人の思考に影響を与える」という仮説です。すべての文化は対等であり優劣はつけられないという文化相対主義を裏付けています。語彙も文化によって変わります。日本人は「ディナーは夕食」と教わりましたが、同じ英語圏でも英国の労働者階級や米国の農業地帯では「昼食」を指します。こうした例は多くあります。

言語では「コンテクスト」という考え方も重要です。「ハイ・コンテクスト社会」「ロー・コンテクスト社会」という言葉があります。文化的に共有している情報が多ければ、ハイ・コンテクスト社会となります。日本のようなほぼ単一民族の国が代表的で、言語化して伝える情報は少なくなります。アラブ、ギリシャ、スペインなども同様で、以心伝心の社会です。ハイ・コンテクストが共有できないと、ロー・コンテクスト社会になり、言語を通じた意思疎通が求められます。アメリカ、ドイツ、スカンジナビア諸国などが代表的とされます。

## 多様な非言語

人間のコミュニケーションの93％は非言語に頼っているという研究結果があります。提唱した心理学者の名前から「メラビアンの法則」と言われます。非言語は無意識で、観察を通じて経験的に学び、文化的に普偏性と固有性があることが特徴です。また、言語メッセージを代用・補強・調整するなどの機能があります。

非言語メッセージも言語同様、音声と非音声に分けられます。前者は声色や声の性質。後者は、外見、身体接触、動作、におい・嗅覚、空間（対人距離）、時間に分けられます。

音声メッセージは、声の高さ、強さ、リズムなどの違いがあります。意味の理解を促す、感情を出す、年齢や性別などの属性を出す機能があります。公の場でのスピーチや私的な会話など場面ごとに変化します。社会的階級による違いもあります。当事者は自然と調整しているのです。

次に非音声の特徴を考えます。「外見」は体つき、髪や肌の色などに加え、アクセサリーもあります。制服なら職業を特定できます。魅力の要因にもなります。「身体接触」はいろいろな役割があります。まず母親が赤ちゃんをしっかり抱くような基本的な生活ニーズの充足があります。相手に対する親しみや愛情を示すこともあります。「動作」は、顔の表情、ジェスチャー、姿勢、アイコンタクトなどで、70万通りあり、表情だけで25万通りもあると言われます。ジェスチャーは地域で違いもあり、首を横に振る動作は日本では「ノー」ですが、インドなどでは「イエス」と分かれます。アイコンタクトは視線接触学とも言われ、「相手から情報を得る」という特別な機能もあります。

「におい・嗅覚」は五感の中でももっとも原始的と言われ、意識の底に眠っている記憶も呼び覚まします。戦場や災害現場での死臭は最たるものでしょう。においは対人的魅力につながり、悪臭を消すデオドラントの効果もあります。「空間」は近接学とも言われ、対人距離は親密性を表しますが、国によって差があります。欧州では、北部は距離を取るのに対し、南部は距離が近いとされています。インドはカースト制があり、離れる傾向にあります。オフィスの部屋や机の配置、会議の際の位置などでも特徴が表れます。「時間」は概念や管理の仕方で違いが出ます。過去・現在・未来のどこを志向するかでも分かれます。イランやインドは過去志向、日本企業は長期、米国企業は短期志向と言われます。

## 長谷川キャリア文章塾の「文は人なり」

ここまでコミュニケーション学について長く書いてきましたが、これからは私の実践を報告します。退職後の2023年1月、「長谷川キャリア文章塾」の活動を始めました。新聞記者の経験を生かせる個人事業として始めましたが、コミュニケーション学的に言えば、

「非音声言語の訓練塾」ということになります。文章塾と聞くと、文章を書くための教室で、もっと単純に言えば小手先の技能教室と思われるかもしれません。しかし、コンセプトは違います。「書くことは考えること」を基本方針にしており、文章作成を通して思考力を鍛えることを目指しています。

特製テキスト「文章の極意」をまず受講生に配布しますが、最初に伝えることは「文は人なり」という言葉です。フランスの博物学者で啓蒙思想家のジョルジュ＝ルイ・ビュフォン（１７０７～88）が、古代ギリシャの言葉として紹介し、広まりました。「文章にはその人の人柄が表れる。文はその人そのものである」という意味です。もう少し踏み込んで考えれば、文章は書く人の人格や人生観に由来していますが、人物の優劣は単純に決められないので、文章の優劣も簡単には決められません。したがって、「文章に決まった正解はない。正解は人の数だけある」と言うことができます。文章は本来、自分らしく自由に書けばいいのです。自分らしさを出すには、究極の独自性である自分の経験を大切にし、経験の意味や自分の思いで膨らませていけばいいのです。

暗記教育に慣れた日本人は、「正解の有無」という観念が身についています。正解は一つしかない、正解がわからない場合は「正解がない」と言いがちです。本当にそうでしょうか。正確に言えば、「正解は一つではない。複数ある」と言うべきではないでしょうか。企業の経営判断でも同様です。判断がつかない場合、一つの決断をし、その結果に応じて次々と手を打ち、事業を成功に導いていくべきですが、大勢で議論を重ねる「オーバー・アナリシス」（過剰分析）に陥り、迷走しがちです。

文章も正解はたくさんあり、自分らしさが重要です。ただし、大学入試の小論文や就活生のエントリーシート、社会人のビジネス文書などでは、筆者の意図を読み手に正確に伝えるという大きな目的があります。そのための文章づくりを支援するのが当塾の目的です。そこには、二段階で取り組むべきテーマがあります。

## 第一段階は文章の書き方ルール

第一段階は文章の書き方の基本的なルールを習得することです。具体的には、一文を短く書く、余分な言葉は省く、句読点と段落分けを適切に使う、などです。わかりにくい文章は多くの場合、文が長すぎて主語と述語の関係がよくわからなくなったり、余分な言葉が多くて冗長になったりするためです。以下は事例ですが、「こんな人生を送りたい」をテーマに書いてもらった場合、次のような文章が提出されることがあります。

「今回の課題について、私が考えた時、日々、生活をしていく上で、自分自身で時間を取って考えていなかったと、気づかされました。そこで改めて考えてみると、『過去を振り返った時に、それぞれ決断に後悔をしない人生を送りたい』と考えていることに気づきました。なぜそのように考えているのかと思いめぐらせると、過去の人生における大きな分岐点での決断に何度か後悔したことがあるからだと思います。その後悔した決断では、二つのパターンがあります。ひとつは、自分自身で決断をせず、親が決めた通りにしたこと、友人等に合わせてしまい、自分自身の決断をしなかったことです。もうひとつは、最善を尽くしていない状態での決断だったということです。今になって考えると、どちらもその時を真剣に生きていなかったのだと思います。

私の今後の人生でも、何度も大きな分岐点となる決断をする時が来るでしょう。その決断の時のために、その時々の最善を尽くしていきたいと思います」

どうでしょうか。自分で決断して最善を尽くしたいというメッセージは明快ですが、余分な言葉が多いのです。次のように修正しました。

「今回の課題を与えられて、気がついたことがあります。自分自身を考える時間を割いてきませんでした。『過去を振り返った時、それぞれの決断に後悔をしない人生を送りたい』と考えている自分を発見しました。

過去の人生の大きな分岐点で、決断に後悔したことがあるからでしょう。二つのパターンがあります。ひとつは、自分自身で決断をせず、親が決めた通りにしたり、友人らに合わせたりしたことです。親の希望に沿った高校に進学し、友人の話を聞いて今の会社に入りました。もうひとつは、最善を尽くしていない状態での決断でした。入社後、マーケティングの勉強をしようと思いましたが、何もしませんでした。どちらもその時を真剣に生きていなかったのだと思います。

今後の人生で、何度も大きな分岐点となる決断をする時が来るでしょう。在職中はどんな社員を目指すのか、退職後はどんな日々を送りたいのか。先人の話を聞き、本を読み、知識や教養を身につけ、時々に最善をつくす人生を送りたいと思います」

最初の文章で線を引いたところが余分な部分です。書き手は頭に浮かんだことをそのまま書いていると思いますが、冗長になり、重要な内容を書けない結果になります。修正文で線を引いた部分は、余分な文章を削った代わりに入れた具体的な情報です。一文を短く、スリムにすることで、文章にリズムと歯切れのよさを与え、知的な雰囲気になります。より多くの情報を盛り込むこともでき、文章としてレベルアップします。基本ルールの徹底は、何回も繰り返すことで習得できます。

参考になるのは、文化審議会が２０２２年1月にまとめた「新しい公用文」です。わかりやすい行政文書を作る目的で、有識者が集まって実に70年ぶりに改訂したものです。ネットで「文化審議会建議　公用文作成の考え方」を検索すれば入手できます。「一文は短くする。50〜60字」「一文の論点は一つ」「受身形をむやみに使わない」など、わかりやすく、実務的な内容で、大変役に立ちます。

## 第二段階は知識・教養をつける

文章の基本的ルールを守れば、平均点の文章になります。第二段階は内容を充実させることが課題になりますが、ここで問われるのが、知識や教養です。ルールを守っていても、薄味の文章では読み手も満足しません。書くべき文章にふさわしい過不足ない知識が書かれている必要があります。深味や味わいを増すためには教養がさりげなく感じられる内容がいい文章となります。

教養は多くの要素を含む言葉です。学問的知識、文化的な理解、倫理観や価値観、社会的な振る舞いなどに関係します。大学で学ぶ教養科目は、「リベラルアーツ」と言われますが、人文科学、社会科学、自然科学といった領域を超えた学び、批判的思考と問題能力の育成、コミュニケーション能力の向上、文化的な理解と人格陶冶などの特徴を含みます。リベラルアーツは自由の概念とも深く結びついており、自由で批判的な思考、自己実現の機会、権利と義務や公共的利益を意識した主体的な市民などを想起できます。「教養人」という言葉があり、教養を持った人という意味で使われがちですが、教養の範囲や程度は特定できないので、どの水準なら教養人かという評価もできません。私は「教養を大切にしたいと考えている人」と定義しています。「VUCA」と呼ばれる不確実な時代ですから、教養の重要性は高まっているでしょう。

知識と教養に触れ、関心を持つきっかけを提供するため、受講者には平日に毎朝、メールマガジンを送っています。前日のニュース数本と私の一口コメント、週替わりの教養講座、受講者からの投稿コーナーを主な内容にしています。ニュースは、これから焦点になるテーマ、世界や社会の秩序に影響を与える動き、小さくても知っておきたいことを中心に選んでいます。教養講座で取り上げるテーマは幅広く、これまでに時事問題、文章論、歴史、著名人の語録・演説、SDGsの解説、禅語などを取り上げてきました。実は、本章で最初に取り上げた「コミュニケーション学」はメルマガで特集した内容の一部です。私自身、教養がまだまだ足りないと思っているので、自らの勉強の意味で出しています。

知識や教養を文章で効果的に生かすには、いくつかのポイントがあります。ひけらかすように羅列すればいいものではありません。先に書いた文章のルールを初級編とすれば、中級編は論理や具体性を大切にする、自分なりの視点を持つ、内省を繰り返す、古今東西の視点を持つといったことが重要になります。こうした点に気を配りながら知識や教養を意識して書いていくことが内容の充実につながります。言うまでもなく、知識や教育は一朝一夕で身につくものではありません。長く継続して、習慣にすることが必要になります。知識や教養を大切にしようという態度は、生き方そのものなのです。

作文のテーマは、社会人なら「自分」「仕事」「社会」の3つの領域から出題します。それぞれ「こんな人生を送りたい」「私が社長ならこうする」「日本経済の問題点」といった具合です。ふだんあまり考えていないことを文章にしてもらいます。メールで送られた作文は、基本ルールを守っているかどうか、意味がはっきり伝わるかどうかを中心に、赤ペンで添削します。さらに「基本ルール」と「内容」の2点について、A4判2枚程度の「講評」を書き、添削とともに返送します。ていねいに読み、ていねいに講評を書くことを心がけています。「傾聴」ならぬ「傾読」で、提出された文章を平均5回は読みます。

これを繰り返すと、最初は書くことに負担感のあった受講者は、考えることが楽しくなり、1週間考えて文章をつくり、講評を受け取ってまた考えるようになります。3カ月コースが中心ですが、最後の課題作文は「受講した感想」を出してもらい、別に満足度のアンケートもします。予想以上に好評で、手応えを感じています。書くことが持つ「力」と「効用」を感じています。

## 文豪たちの文章論に親しむ

文章の上級編は、作家たちの文章論や名文に親しむことです。特製テキスト「文章の極意」の上級編では、文豪らの文章論をいくつか紹介しています。

文章論の元祖と言われているのが、1934年に出版された谷崎潤一郎の『文章讀本』です。谷崎はノーベル文学賞候補にもなり、芸術性の高い長い文章が特徴です。名文について「記憶にとどまる深い印象を与える」「繰り返して読むほど滋味が出る」とし、品格は「饒舌を慎む。言葉遣いを粗略にしない。敬語や尊称をおろそかにしない」ことで生まれると書いています。最後は「感覚の練磨怠らなければ文章は上達する」と結んでいます。

吉行淳之介の『文章読本』もあります。1988年の刊行で、谷崎潤一郎から安岡章太郎らまで20人の文章論を選んで紹介しています。文の長短を論じた川端康成は、短い文の代表として志賀直哉をあげ、「素朴感、明確感、圧力感を生み出す」と評しました。長い文は永井荷風、谷崎らで「常識と結合すると冗長、退屈。秀逸な修辞が不可欠」と長文にする場合の技量を指摘しました。島尾敏雄は「削ることが文章を作る」、安岡は「感じたままに書く」、宇野千代は「文章を書くコツは、書けると思い込むこと」と言っています。丸谷才一は吉行との対談で「自分が名文だとそのとき思った。それを熟読玩味して真似ようと努力する。そのうちに文章を見る目が上がるんじゃありませんか」と発言しています。

作家の数だけ文章論があると言えそうですが、三島由紀夫の『文章読本』は読み応えがあります。三島は森鷗外と泉鏡花の文を比較しています。鷗外の『寒山拾得《じっとく》』は「小女を呼んで、汲み立ての水を鉢に入れて来いと命じた。水が来た」と書いていますが、「水が来た」という表現を漢文的素養に根差す明晰さと絶賛しています。鏡花の文章は対極で、長くて一見悪文ですが、色彩的文体で理性を酩酊《めいてい》させる、日本文学の官能的伝統の開花と評しています。

最後の第8章「文章の実際――結語」で、三島は自らの理想とする文章を次のように書いています。

**「ブルジョア的嗜好と言われるかもしれませんが、文章の最高の目標を、『格調と気品』に置いています。例えば、正確な文章でなくても、格調と気品のある文章を尊敬します。現代**

作家の中でも私は自分の頑固な好みに従って、世間の評価とはまったくちがった評価を各々に下しています。

日本語がますます雑多になり、与太者の言葉が紳士の言葉と混じりあうような時代に、気品と格調ある文章を求めるのは時代錯誤かもしれませんが、しかし一言をもって言い難いこの文章上の気品とか格調とかいうことは、闇のなかに目が慣れるにしたがって物がはっきり見えてくるように、かならずや後代の人の眼に見えるものとなるでありましょう。

具体的に言えば、文章の格調と気品とは、あくまで古典的教養から生まれるものであります。古典時代の美の単純と簡素は、いつの時代にも心をうつもので、現代の複雑さを表現した複雑無類の文章ですら、粗雑な現代現象に曲げられていないかぎり、どこかで古典的特質によって現代の現象を克服しているのであります。

文体による現象の克服ということが文章の最後の理想である限り、気品と格調はやはり文章の最後の理想となるでありましょう」

なぜか「格調と気品」と「気品と格調」という表現が混在していています。理由はよくわかりませんが、三島の文章観には私も賛同します。

## 言語表現の重要さ

「メラビアンの法則」を本章の前半で紹介しました。コミュニケーションをする場合、言語情報が影響を与えるのはわずか7％という法則です。残りは聴覚情報38％、視覚情報55％になります。聴覚情報は声の高さや抑揚など、視覚情報は身振り・手振りや表情などですから、話をする場合、内容よりも声や身振りの方が重要と考えてしまいそうです。しかし、これは誤解です。アルバート・メラビアンによる実験は、言語、聴覚、視覚の情報が一致しない場合、どの情報が優先されるかを調べたものです。「非言語情報が重要」とは言えますが、「言語情報は重要ではない」と証明しているわけではありません。

言葉はどんな場面でも重要であり、内容をより効果的に伝えるには、非言語的要素も重視しなければならないと解釈すべきでしょう。声のトーンや身振りなどの動作がいかに巧みでも、話している内容がお粗末なら、聞き手は評価しません。あまり愛想がなく、とつとつと話していても、内容が濃ければ耳を傾けることはあります。まず伝える内容をしっかりさせることが重要で、それには書いて考えることが極めて有効です。書いてみれば、考えが整理され、自分の本当の気持ちや足りない点がわかってきます。これこそが深耕力です。

「ハイ・コンテクスト社会」と「ロー・コンテクスト社会」という言葉について本章の前半で触れました。ハイ・コンテクスト社会では、あまり言葉を交わさなくても以心伝心で通じることが多くあります。多民族国家のアメリカは逆で、明快な言葉を通じてコミュニケーションせざるを得ません。グローバル・ビジネスはアメリカの流儀を基本としていますし、多様性を持った世界の人たちが経済活動をするわけですから、言葉でしっかり説明し、交流しなければなりません。「政治家は言葉が命」と言われますが、ビジネスパーソンにとっても言葉は命です。文章をつくることで思考を深め、言葉を練り上げ、伝える場合には非言語情報に意識して発信する。これが私の作文塾の基本です。

文章作成の極意については、2023年12月に出版した拙著『本気の文章上達法を教えます』(セルバ出版)を参考にしてください。基本ルールから文章上達に必要な知識や教養まで幅広くまとめています。

## 支援型リーダーシップの重要性

コミュニケーションはいろいろな場面で強調されますが、ビジネスではリーダーシップと深く関係します。第1章で、サッカー・ワールドカップ日本代表の森保一監督、ワールド・

ベースボール・クラシック（ＷＢＣ）日本代表の栗山英樹監督の活躍について触れました。「経済と違ってスポーツは世界で存在感を高めている」という一例ですが、監督として２人のタイプは似ています。かつてのスポーツ指導者は「俺についてこい」というスタイルが主流でした。トップが強い個性を持ち、時に強引に選手を引っ張っていました。選手はある程度我慢しながらもついていき、成果が出れば、お互い満足していました。しかし、時代と人は変わり、２人のような監督が登場し、成果をあげるようになりました。

これは、支援型リーダーシップと言えるでしょう。経営学の世界では「サーバント・リーダーシップ」と呼ばれ、１９７０年にロバート・グリーンリーフ氏（１９０４～90）が著書で提唱して注目されました。「自己利益の追求を超えて、フォロワーの要求に応え、成長を促し、他者に貢献することを前提としたリーダーシップ」と定義されます。重要になるのが、部下たちとのコミュニケーションです。

具体的には、対話を成立させる「傾聴」、気持ちを理解する「共感」、ストレスを与えない「癒《いや》し」、ヒントを与える「気づき」、理解を早める「エピソードやストーリー」、わかりやすく説明する「キーワード」、見通しを示す「先の読み」、信頼関係を構築する「頼りがい」、相手を伸ばそうとする「成長支援」、真の協力関係を構築する「コミュニティづくり」などが柱になると思われます。

傾聴や共感、癒しや頼りがいなどは非言語情報が重要になりますが、それ以外はどんな言葉を使うかという言語情報が大きなカギを握ります。当然、口先ではなく、腹の底から考え抜いた言葉、自分の中で反芻《はんすう》している思考や言葉が重要になります。自分の中に渦巻く論理や感情、知識や教養を効果的に整理して、タイミングよく発信することがリーダーに求められます。完全に成功することはできないでしょう。試行錯誤し、失敗や成功しながら時に落胆や失意の姿を部下に見せ、苦楽をともにして人間として成長し、企業として結果を出すことが求められる時代と言えないでしょうか。

2023年のNKH大河ドラマ『どうする家康』は、弱気で時に優柔不断な徳川家康像を提示しています。それまでの「古だぬき」「策士の権力者」というイメージからは遠い姿を描いていますが、弱い家康という説は以前からありました。

司馬遼太郎は絶筆になった『街道をゆく43　濃尾参州記』を締めくくる「家康の本質」で、幕臣だった明治の史論家・山路愛山（1865～1917）の説を引用します。家康に仕える三河人の感情に格別の思い入れを持っていた山路によれば、司馬は次のように書いているといいます。

**「(三河人は) 家康という人柄に愛嬌を感じていたという。愛嬌とは愛すべき欠陥を持つと解してよく、要するに三河衆にとって、家康は、自分たちが輔《たす》けねば立ちゆかぬと思わせる**

**ものを持っていたという。つまりは、ときに家康は露骨に臆病だったのではないか」**

愛嬌が家康のリーダーシップの源泉だったということになります。

## ライシャワーの「警告」

コミュニケーションに関する本は、たくさん出ています。自分のニーズに合った本を選ぶのがいいでしょう。

本章の最後に、歴史学者で駐日大使だったライシャワー氏のメッセージを「警告」として紹介したいと思います。第５章でも取り上げましたが、以下は１９８６年に日本語で出版された『ライシャワーの日本史』の最後のページです。社会学者のエズラ・ヴォーゲル氏（１９３０〜２０２０）が『ジャパン・アズ・ナンバーワン』を出版したのは１９７９年ですが、１９８６年は日本が貿易黒字を稼ぎまくり、日米経済摩擦が最も激しかった時期です。日本人はジャパン・アズ・ナンバーワンに酔い、「アメリカはたいしたことはない」という空気が生まれていた頃です。少し長くなりますが、以下に引用します。

**「日本人がこれまでそのみごとな組織化能力を十分に発揮したことをみれば、日本は世界の中で重要な役割を果たす可能性は大きかった。しかし、同時に日本人は、ある種の日本人特**

有の弱点に縛られてもいた。際立った独自性をもつ言語と日本人独特の控えめな態度、あるいは、少なくとも対人関係に見せる特有の流儀といったものに阻まれて、日本人は他国民と打ち解けた交際をするのが概して不得手であった。さらに重要なことは、島国に閉じこもってきた長い歴史、まれにみるほどの社会の等質性、さらに国内の仲間うちと外部世界とを区別して考える日本人の心情が、自分たち日本人は他の国民とは違うのだという感覚、いや、それどころか、日本人はユニークな存在なのだという強い思い込みを生んだ。世界的問題を前にして他国民と肩を組み、まことの平等感を持つことは、たぶん日本人にとって、ほかの主だった国の国民よりも困難であったろう。しかもなお、日本が指導的な役割を果たす上ではもちろんのこと、世界がかかえるもろもろの問題解決に参画し、役立っていくためには、これまで以上に意思疎通に熟達し、心底から他国民との共同体意識を持つことが日本人に求められているのである。日本はおそらく世界で最も安定した健全な大国として、１９８０年代を迎えた。日本が直面したものは、極めて困難に満ち、まったく予測のつかない全世界的な問題の数々であった。この先どのようなことが起こるのか、誰にもわからなかったが、これらの課題を無事に克服できるか否かは、日本人自身が果たす役割に負うところが大きかった。その役割とはどのようなものなのか、それは、いまなお答えの出ていない問題なのである」

ライシャワー氏がこの文章を書いてから40年以上が過ぎています。日本人はどこまで変わったのでしょうか。深耕力で自問自答し、検証する価値があります。

# 第9章

# ジェンダー平等
## ――想像力を働かす

ジェンダー平等は、男女格差に関わる問題です。当事者としての意識や環境の違いによって、時に深刻な意見対立になる可能性があります。知識の差によって意見が異なることもありますが、ここでは基本的な考え方について取り上げたいと思います。

私が在籍した朝日新聞社は2020年4月に「ジェンダー平等宣言」を発表しました。新聞社としては先駆的な取り組みです。紙面では宣言以前の2017年から男女格差を考える企画「Dear Girls」をはじめとして、2020年からはジェンダーを考える「Think Gender」に衣替えして積極的に発信しています。朝日新聞は古くから個人の自由を尊重する紙面で、多くの記者もそうした志向を持っています。しかし、ジェンダー問題に強い関心を持って取り組む記者は女性に多く、私も含めて男性記者の関心は、女性記者に比べて高いとは言えないのが実情でした。

長谷川キャリア文章塾を始めて2週目の2023年1月9日から、メルマガの教養講座で「ジェンダー平等」を特集しました。「ジェンダー平等を実現しよう」が、SDGs5番目の目標になっているので、解説する形で取り上げました。自主的に深く学んだのは初めてでしたが、この問題は現状の男女間格差にとどまらず、明治以降の家父長制を特徴とした日本社会、戦後の社員丸抱えの日本の企業社会に深く根差した人権問題ではないかと認識を新たにしました。性別の違いのみならず、障害の有無、国籍や人種、宗教の違いなどに関係なく、誰もが活躍でき、多様な価値観を認めあうかどうかが本質、と考えるようになりました。人間が殺しあう戦争は古代から、もっとも男性的な世界だと思われます。ジェンダー平等を進めていけば、戦争が減る可能性も高いでしょう。

世界規模の課題ですが、まず自分の足元から見直す必要があります。本章ではまず、ＳＤＧｓで掲げる「ジェンダー平等」の基礎を取り上げます。続いて、男尊女卑やジェンダーに関する歴史、日本のビジネス社会のあり方を考えます。いずれも基礎編の位置付けです。考えるにあたっては、アンコンシャス・バイアス（無意識の偏見）に注意する必要があります。多かれ少なかれ、誰でも持っているものですから、目の前の現実だけでなく、想像力を働かせる必要があります。

## ジェンダー平等が必要な理由

ジェンダーは「社会的・文化的性差」で、社会や文化によって決まる男女の違いを指します。服装や髪形、家庭や職場での役割や責任の違いなどがあります。長男が実権を握る家父長制や、「男は外で働き、女は家庭を守る」という性別の役割分担は、工業化した近代特有の現象と言われ、多くの人の行動や意識を規定してきました。「ジェンダー平等」は、こうした性差に基づく差別や偏見をなくすことです。男性主導社会が長く続いてきたため、ジェンダー平等に対する意識の差は、個人や世代、国によって非常に大きくなっています。であるからこそ、自説にこだわらず、多くの人の意見を聞いて柔軟に判断する必要があります。

ジェンダー平等が必要な理由は何でしょうか。第一は、あらゆる人間は平等という普遍的理念に由来すると考えられます。第二は、どんな国でも社会をよくするために女性の力が求められている背景があります。男女差別をなくすことで、大勢の人が働いて持続可能な社会となり、経済成長も期待されます。女性が生きやすい社会は、男性にとっても暮らしやすい社会と言えます。戦争や過度な経済競争、環境破壊は、「強さ」を重視する男性主導社会の負の遺産と言っていいでしょう。長く社会に根差した観念を変えることなので、息の長い取り組みが必要になります。

男女格差を示す主な数値は二つあります。「ジェンダーギャップ指数」(GGI)は、世界経済フォーラム(スイス)が発表しています。2023年の調査で格差の少ない上位は北欧で、日本は125位と大きく後れています。「ジェンダー不平等指数」(GII)は国連開発計画(UNDP)が発表しています。2022年の調査では、欧州各国が上位で、日本は22位でした。前者の調査が低い理由は、国会議員数や企業の役員数など政治や経済面の項目が入っているからです。後者の調査が高い理由は、健康や教育で指数が良好になっているためと言われます。

## 途上国と先進国の実情

ＳＤＧｓは国連が進め、常に世界全体の状況を考えていますが、途上国を中心に深刻な現状があることがわかります。日本人としてまず知ってくべきことでしょう。

「女性の役割は家事や出産、子育て」「女性の仕事は畑仕事など家の周りでやれることだけ」といった考え方は世界各地に根強く残っています。ＳＤＧｓのジェンダー平等のターゲット（具体的目標）には、人身売買や性的搾取、女性と女児に対する暴力の禁止が盛り込まれています。未成年者の結婚、強制結婚、女性器切除など有害な慣行の撤廃もあります。女性器の一部を切り取る行為は「ＦＧＭ」を呼ばれ、一部アフリカ諸国では文化的慣習としてまだ続いています。

背景にある大きな要因が貧困です。水道がなければ、池や川から水を運ぶ役割は女性や子どもの役割とされます。電気やガスのない地域ではより深刻で、食事のしたくが大きな負担になっています。子どもが水くみなどで学校に行けず、教育がしっかりできなければ、差別や偏見が残りやすくなります。学校にトイレがなく、女子が登校しない地域もあります。

開発途上国では女性がたくさんの子どもを産む例が多くなっています。水くみや家事を手伝う労働力として期待しているためですが、1歳未満で亡くなってしまう確率が高い事情もあります。歴史的に見れば、日本も似たような道をたどってきました。ジェンダー平等は各地の文化や歴史も含めて考える必要があります。

SDGsの前身である「MDGs」（ミレニアム開発目標）では、8つの目標のうち、ジェンダー平等の推進、幼児死亡率の引き下げ、妊産婦の健康状態の改善といったようにジェンダー関連の項目が3つも盛られました。ただ、十分に改善されず、2015年にSDGsに引き継がれました。しかし、SDGsの目標年である2030年までの達成は危ぶまれています。

世界的に重要とされているのが、識字率の向上です。男性に対する女性の識字率の割合で、中国は90%台、インドは80%前後、アフリカには75%以下の国も多くなっています。教育の充実で識字率を上げることが格差解消の大きな対策と言われています。

次に先進国の現状を見てみましょう。ジェンダーギャップ指数（GGI）は政治、経済、教育、健康の4側面から判断しています。2023年の調査によると、146カ国中で男女差別が少ない1位はアイスランド、2位ノルウェー、3位フィンランド、4位ニュージーランド、5位スウェーデンと続き、北欧各国が上位を占めています。日本は政治138位、経済１２３位、教育47位、健康59位で、総合では１２５位にとどまっています。

アイスランドでは国会議員の約半数は女性で、赤ちゃんに授乳しながら質問することもあります。50人以上の企業では女性管理職を４割以上にすることが義務付けられています。差別解消には法的措置が重要という考えです。ヨハネソン大統領は２０２２年12月、朝日新聞のインタビューで「半世紀前はアイスランドも男性中心の社会だった。でもジェンダー平等の利点と公正さに気づくと変化は速く進んだ。国際社会の中で競争力を持ちたいのなら一部の人を排除することはできない。ジェンダー平等は公平さ公正さに加え、経済発展や幸せな生き方に関わり、進める意義がある」と語っています。ジェンダー平等は自然と達成されるのではなく、人為的な政策や対策によって初めて実現するのです。女性だけのためではなく、人間のためという視点が必要です。

## 日本の男女格差の実情

先進国の中で日本は、「女性が一生働きにくく、男女差別が最も残る」と指摘されています。第1章で見たように、日本はかつて、一人当たりＧＤＰや労働生産性、賃金など各種の経済指標で世界のトップクラスでした。しかしここ30年間、多くの国に追い越されています。その背景の一つとして、ジェンダー平等に代表される多様化が進まず、経済の生産性が落ちていることが大きな要因という指摘があります。「女性活躍」や「一億総活躍」のキャッチフレーズで各種の政策が打ち上げられましたが、まだ十分に実を結んでいません。

先述したようにジェンダー不平等指数（ＧＩＩ）で、日本は１６２カ国中22位と悪くありません。算出の基準が、妊産婦死亡率、国会議員の進学率、女性の就労率で、日本に有利な分野になっているからです。しかし、２０２３年のジェンダーギャップ指数（ＧＧＩ）が総合１２５位と低いのは、政治１３８位、経済１２３位で、国会や企業での女性の進出度が低いことが大きな要因です。「諸外国が男女平等を進めている時、日本は何もしなかった」と言われています。西欧各国では、女性の議員や会社役員を増やすために割当制を義務付けた例もあります。「ポジティブ・アクション」と呼ばれる一時的な支援はかなり有効な制度ですが、日本ではせいぜい努力目標にとどまっています。

男女平等は一時的な取り組みではなく、普遍的な人権の課題と考えるべき時代になっています。日本は国際比較の順位がどうであろうが、平等に向けて努力することが求められていると言えるでしょう。内閣府の男女共同参画に関する調査によると、「女性は家庭を守るべき」という意見に賛成の割合は、２０１４年は45％でしたが、２０１９年は35％に減っています。「考え方が変わりつつある」と言えますが、「まだ不十分」とも言えます。

意識の面では明治期にできた家父長制の影響も根強く、多くの企業は依然として男性優位の社会です。高度経済成長期に女性の社会進出が始まり、１９８５年に男女雇用機会均等法、１９９９年に男女共同参画社会基本法が制定されましたが、平等にはほど遠いのが現状です。男女の賃金格差、女性の非正規雇用の割合の高さ、子育て支援の貧弱さをまず改善する必要があります。

「働く夫と専業主婦」を前提とした税制、年金、社会保障、雇用など制度の壁もあります。関係者が対話をしながら暮らしやすい社会をつくる姿勢が必要です。ジェンダー平等に明確に反対する勢力はほとんどありませんが、伝統的価値観を持つ人が消極的だったり、運動をする人たちに拒否反応を示したりする人もいます。一部の高齢者や保守派の人たちのように、よく考えずに反対する人もいます。しかし、男性にも女性にも住みやすい社会をつくることが基本です。ジェンダー平等の実現、あらゆる差別や偏見をなくすことで、豊かな社会につながるというコンセンサスと率直な社会的対話が求められています。

## 日本の男尊女卑の歴史

歴史的に見ると、日本の男女の関係はどんな状況だったのでしょうか。どんな問題でも歴史を知ることは、現在を絶対視せず、相対化することにつながります。それが未来への展望を開くといえるでしょう。『男尊女卑　法の歴史と今後』（２０２１年、明石書店）で、著者の成清弘和氏は興味深い見解を展開します。日本古代史専攻で、大阪大学外国語学部の非常勤講師などを歴任した成清氏は、「古代史が専門の私が『男尊女卑』の通史をまとめるのはおこがましい限りだが、非才を省みず挑戦した」と書くように意欲的な内容です。同書の内容を以下に紹介します。

男女の関係を見る際に着目したのは、財産相続、夫婦財産制、婚姻、離婚の４つの要素です。古代の日本にはそれぞれ、女性の相続権があり、財産は夫婦別で、婚姻は多様であいまい、離婚もあいまいで、妻の持参財産は夫の所有とはならず返還されたらしいことがわかりました。８世紀までは女帝が統治者として活動し、司祭や巫女《みこ》として祭事に関わり、経済的活動も確認できました。かなり男女平等の社会で、少なくとも格差はあいまいだったようです。

しかし、８世紀前後に中国（隋や唐）から律令制という統治システムが入ってくると、変質しました。律令制の思想的基盤は儒教で、儒教の男尊女卑の考え方が入ってきたのです。その後、戦いを担う武士が台頭すると、男尊女卑の考え方は徐々に広まり、武家政権が成立する時代になって支配層に浸透していきます。13～14世紀になると、各神社の参拝ルールなどで女性に対するけがれ観が強まっていきます。江戸時代には、男尊女卑が被支配層にも広がり、出産や月経で女性を日常生活から遠ざけるため、特別の小屋が村落のはずれにつくられ、けがれ観は高まっていきます。神事からも遠ざけられ、女性は相撲の土俵に上がれないという慣習もこの流れにあります。先にあげた4つの要素も、曲折を経ながら男尊女卑の方向に強まっていきます。

戦前の規範は、フランス民法を参考にして1898年に施行された明治民法です。第14条で、妻は借金の保証人になることや不動産売買、提訴などについては、夫の許可が必要とされ、法律上、女性は無能力者になりました。

相続については、戸主権を継ぐ家督相続、遺産の相続の二つに分けて規定されました。家督（戸主）相続は原則として長男を優先し、遺産は最低半額を保証とありますが、実態は長男が大半を相続しました。戸主は家族の扶養義務を負う一方、家族の住所決定権や結婚の同意権が与えられ、墓なども継ぐことになりました。長男の権力は絶対的なものがありました。これらは江戸時代まで武家のルールでしたが、明治以降は庶民にも適用されたわけです。江戸時代まで女性天皇が認められていましたが、民法と同じ年に制定された皇室典範で、「男系男子」に限ることになりました。この頃の明治政府は、自由民権運動の台頭を強く警戒し、官権を強化し、天皇中心の国体観を柱とする教育勅語もつくりました。明治の

「官尊民卑」は、「男尊女卑」と表裏一体で推進されたのです。

財産相続では、死亡した個人の直系の子や孫が優先され、その次が配偶者でした。遺言が広く認められ、長男がすべて相続することが多かったようです。未亡人は長男に扶養されることになります。

夫婦財産制では、建前としては夫婦別財産でしたが、実質的には夫中心でした。夫が妻の財産を管理し、その運用益も夫が得ることができると規定されました。

婚姻は、男性は30歳、女性は25歳未満まで父母の同意が必要で、戸主も関与できました。妻は夫の家の一員になると規定されました。離婚にあたっては親や戸主の同意が必要で、原則として父親が子どもの監護者になりました。裁判上の離婚では妻の不貞のみが要因とされました。

当時参考にした西洋近代の法律も男尊女卑的でした。明治民法によって、日本は武家社会の男尊女卑的なルールが社会全体に貫徹することになりました。

## 画期的な戦後民法

敗戦によって1947年、新憲法との整合性の観点から、民法の親族編と相続編が改正されます。憲法は米国による押しつけという見方がありますが、民法もアメリカの主導権によって男尊女卑的な条文は改正され、男女平等が基本となります。外部からの押しつけだったため、社会に完全に定着していないという見方もできます。具体的に見ていきましょう。

家督相続の規定は削除され、財産相続は配偶者が常に相続人となり、男女差別はなくなりました。ただ、嫡出子と非嫡出子の区別が残りました。夫婦財産制は夫婦対等となります。婚姻では、戸主の関与はなくなり、親の関与も弱くなりました。離婚では親や戸主の関与はなくなり、子の監護は夫婦で協議することになりました。裁判上の離婚では夫婦双方の不貞が要因となり、財産分与も夫婦双方に認められるようになりました。

法律上、大きな変化です。ただ、夫婦は夫か妻の姓を称すると定めていますが、規定があいまいだったため、夫婦別姓を認めるかどうかの議論が今も続いています。婚外子に対する差別も同根と言えます。その他の現実もすぐには変わらず、特に農村は例外的でした。農地はまとまっていた方が経営面で効率がいいので、長男によって相続される例が多くなりました。都市部はもともと給与労働者が多く、相続財産は多くないのでこだわりは少なく、どちらかといえば男女平等的と言えます。一方、高度成長時代、長男による家督相続の意識や男尊女卑的な観念を持った農村部の人たちが都市部に流入し、意識の平準化が進んでいきます。

意識の平準化は一定程度進みましたが、男女平等について日本は、特に先進国と比べて後れています。どうしたらいいでしょうか。成清氏は次のように主張します。古代後半は中国、現代はアメリカからの外圧で日本の男女平等観は変質しましたが、古代後半に中国からの影響がなければ、日本は男女格差の少ない状況が続いていたと推論し、「まつりごと」に着目します。古代においては、神をまつり、神の意を受けて行動する「祭りごと」が国を統治することであり、これが転じて君主が国の領土・人民を統治する「政治」になりました。「まつりごと」には祭事と政治の両面ありますが、現代は意思決定をする政治が大きな影響力を持ちます。「男尊女卑的な日本社会のあり方を改善する一つの道筋として、政治の場から始めるのが合理的」と主張し、女性の国会議員や地方議員を増やすためのクオータ制の導入を提案します。

## 世界で進むクオータ制

議員に女性を増やしただけですぐに社会が変わるわけではありませんが、女性の感覚が政策に反映されたり、象徴的な意味合いが各方面に波及したりして、暮らしやすい社会につながっていくはずです。クオータ制は公的機関の女性の割合を人為的に増やす制度ですが、1

９７８年に制定されたノルウェーの男女平等法が最初だと言われています。それ以後、ヨーロッパ諸国や南米、アフリカ諸国など世界に普及しました。２０２０年時点で、世界１９６カ国・地域のうち１１８カ国・地域が何らかのクオータ制を導入しています。

法律で強制するやり方や政党の内規として自発的に定める方法があります。女性議員が30％を超える国の大半はクオータ制を導入していると言われています。女性比率は、小選挙区制より比例代表制の方が高い傾向があります。アジアでは韓国や台湾が導入しており、それぞれ国会議員の約２割、約４割が女性です。韓国では朴槿恵《パククネ》元大統領、台湾では蔡英文《さいえいぶん》総統という女性トップも誕生しています。

先進国のＧ７で見ると、日本の低さは歴然としています。２０２３年現在、国会議員（上下両院）に占める女性比率は、１位フランス36・８％、２位ドイツ35・５％、３位カナダ35・２％、４位イタリア33・０％、５位イギリス31・５％と３割を超えています。６位はアメリカの28・６％、最下位は日本の15・５％で、圧倒的に少なくなっています。アメリカはクオータ制を導入しておらず、２０１８年まで10％台にとどまっていましたが、今は２割台になっています。参考までに中国は24・９％、韓国は19・１％です。

日本では２０１８年に「政治分野における男女共同参画の推進に関する法律」（候補者男女均等法）が施行されました。衆議院、参議院、地方議会の選挙で、男女の候補者の数をできる限り均等にする基本原則や、国・地方公共団体の責務を定め、政党が男女の候補者数の目標を掲げるよう求めています。フランスでは政党に候補者の男女同数を義務付けたパリテ法があり、日本ではこれにならって「日本版パリテ法」と言われました。パリテ法には違反すると政党助成金を減額する規定がありますが、日本の法律には具体的な数値や罰則がなく、自主的な努力義務にとどまっているので、実効性は伴っていません。

これらは長く政権党にいる自民党の消極姿勢を反映していると言わざるを得ません。同党はもっとも色濃く男性優位社会を反映しており、伝統的価値観を重視する保守派の影響も強く受けているとされています。男女差別は少数者差別と通底しますが、２０２３年に成立した性的マイノリティーに対する理解を広めるための「ＬＧＢＴ理解増進法」の審議の際にも、自民党の消極的な姿勢が目立ちました。一部保守派の主張は、男系男子天皇を支持する思想と結びついているという指摘もあります。イデオロギーではなく、暮らしやすい社会をどうつくるかという視点に立てるかどうかで、日本の将来が分かれていきそうです。

## ジェンダーの歴史を俯瞰する

ここでもう一度、ジェンダーに関する歴史をより広い視点から俯瞰してみたいと思います。日本の古代は男女平等の時代でしたが、中国の律令制の導入や鎌倉幕府を起点とする武家社会の出現によって、男性優位社会に移行していきました。しかし、全面的に一気に進んだわけではありません。『ジェンダーレスの日本史――古典で知る驚きの性』（大塚ひかり著、2022年、中公新書ラクレ）は、「日本はもともと男女の境があいまいだった。古代には女性が優位だったかもしれない」として、主に文芸の世界から日本の性を考えています。

男同士が恋愛仕立ての歌を詠み合ったり、紀貫之が「男が書く日記を女の私も書いてみよう」と『土佐日記』を書いたり、『源氏物語』でも男が男に欲情を抱くシーンがあったりします。性に厳格だった仏教やキリスト教が入ってきても、日本で一貫しているのは性意識のゆるさ、性を重要視するアニミズム的思考、快楽主義のような傾向だと指摘します。12世紀の『とりかへばや物語』は男女が入れ替わるトランスジェンダーの話で、江戸時代の井原西鶴は『好色一代女』や『男色大鑑』で同性愛を扱っています。春画にも同性愛の絵があり、LGBTに寛容だったと言えます。

大塚さんは「おわりに」で、「『伝統的』とか『昔ながら』と思われていることが、実はつい最近……戦前や明治期、せいぜい江戸時代に始まっていて、さほど歴史があるとは限らない」と書いています。

大きな転機となったのは1868年の明治維新であり、1898年の旧民法施行です。近代国家の建設が急務となり、文明開化が叫ばれ、「富国強兵」がスローガンとなりました。資本主義とナショナリズムを基軸に国家と社会が再編されます。具体的には、日本的特徴である天皇を頂点に「男性・健常者・定住者」を基準とした社会を目指し、「女性・不自由者・移動者」が対置され、「官尊民卑・男尊女卑」となっていきました。

次の大きな転機は、富国強兵の帰結となった1945年の敗戦です。新憲法と民法改正で、参政権や家制度の廃止、教育の機会均等など男女平等の法的基礎が築かれ、制度は大きく変わりました。ただ、高度経済成長が進む段階で、男性は「企業戦士」として全身全霊を企業に捧げ、女性は「専業主婦」として夫を支える風潮が強まりました。大企業に入社すれば一生安泰という観念が強まり、公私ともに企業最優先・家庭後回しの人たちが増えました。皮肉な見方をすれば、軍事の戦争に負けて経済の戦争に突入したと言えます。1980年代は世界経済を席巻しましたが、バブル崩壊で敗戦のような状態になりました。

一方、女性の運動も盛んになります。1860年代末、先進国でベトナム戦争反対や学園紛争が盛り上がり、女性解放もテーマになります。日本では「ウーマン・リブ」と言われ、合法的中絶の権利を守ることなどがテーマとなりました。1980年代以降は、欧米からの影響も受けてフェミニズムが盛んになり、アカデミズムの世界では女性学が各分野に波及し、ジェンダーの概念が普及しました。

東京大学大学院の清水晶子教授は、著書『フェミニズムってなんですか？』（２０２２年、文春新書）で、フェミニズムの４つの波を紹介しています。第一波は19世紀末から20世紀前半で、女性の相続権、財産権、参政権を求めた運動、第二波は１９６０年代の女性解放運動、第三波は１９８０年代終わりから１９９０年代にかけての運動で、女性個人の差異や多様性に注意を払う特徴があるとしています。第四波は２０１０年代からで、ＳＮＳを通じて運動への参加や問題意識を世界中で共有するようになり、２０１７年の「＃ＭｅＴｏｏ」運動が典型と紹介しています。

同書によると、フェミニズムの基本は３つあり、①改革の対象を個人ではなく、社会・文化・制度と認識する、②あえて空気を読もうとせず、おかしいことをおかしいと思う（言う）、③フェミニズムはあらゆる女性たちのものであると認める、です。③を解説すれば、女性は立場や経験で多様性があり、お互いを知り、尊重することを求める意味があります。

ジェンダーでは国連の存在が非常に重要です。１９４８年に国連総会で採択された世界人権宣言で、「権利における男女平等」「性別による差別の撤廃」が明記され、世界の目標となりました。１９７９年には女子差別撤廃条約が採択されました。１９９５年に北京で開かれた第四回世界女性会議では、北京宣言・行動綱領が発表され、「女性の権利は人権」と宣言されました。２０００年にアナン事務総長の指導力で企業とともに持続可能な社会を目指す国連グローバル・コンパクトが発足しました。同年のＭＤＧｓが、２０１５年のＳＤＧｓに引き継がれ、ジェンダー平等が5番目の目標になり、世界に浸透しています。日本政府もこれに呼応して、必要な対策に取り組んでいます。

## 男性中心企業の新聞社

日本でジェンダー平等がどうなるかは、企業の対応にかかる比重が大きくなっています。日本ではよくも悪くも企業の影響力が大きいのです。ここからは企業の動きを書いていきますが、まず自分の経験から振り返ってみます。

私は１９８０年の入社で、まさに「昭和の企業」でした。記者で同期入社は40人弱だったと記憶しています。現場記者のほとんどは男性で、事件ともなれば「おい、どうなってんだ」と罵声が飛ぶ、荒い職場でした。オン・ザ・ジョブトレーニング（ＯＪＴ）の典型で、経験しながら学んでいきます。夜、先輩たちと飲みながら、経験を聞いたり、疑問をぶつけたりするのが大変参考になりました。失敗すれば、「お前なんか、辞めちまえ」と言う先輩もいました。ハラスメントという言葉はまだなかったので、それが当たり前だと思っていました。かといって暗い雰囲気というわけでもなく、後輩でも言いたいことがあれば言い返していたので、活力はありました。同期の女性は３人で、一人は最初の支局に合わず、短期間で異動しました。もう一人は10年余りで辞めて国会議員になりました。女性が記者を続けていくのは簡単ではない時代でした。

女性問題を強く意識したのは、１９９８年から1年余り務めた『アエラ』副編集長の時でした。『アエラ』にはその10年前、創刊した１９８８年から3年余り在籍していました。「アエラ」はラテン語で「時代」という意味で、米国の『ＴＩＭＥ』のような雑誌を日本にも定着させようと狙った週刊誌です。ニュースをストーリー仕立てにして読んでもらうため、記者全員に立花隆著の『アメリカジャーナリズム報告』（１９８４年、文春文庫）が配られ、ウォーターゲート事件を報道したボブ・ウッドワード氏、ベトナム戦争報道のデイビッド・ハルバースタム氏らの記者活動を学びました。

大変な熱気を持ってスタートし、興奮しながら記事を書きました。女性に関連した記事としては、企業アンケートを独自に実施して「女性に優しい会社はどこか」というカバーストーリーを書いたこともあります。トヨタ自動車などが積極的に取り組んでいたことを記憶しています。ただ、部数はバブル崩壊も響いて当初の目標通りには伸びず、ニューストーリーだけで部数を伸ばすのは厳しい状況でした。

『アエラ』を離れた後、編集部は試行錯誤を繰り返しました。その結果、企業社会での女性の息苦しさ、悩み、生き方に関する記事が読者に響き、『アエラ』にとって有望な鉱脈として浮上してきました。2回目の着任となった1998年はそんな時期で、私は40歳のデスクでした。30歳前後の数人の女性記者が精力的に書き、反響もありました。男性の間では「ニュースと言えるのだろうか」という意見があり、登場人物が匿名のことも多いので、「記事の信頼性が揺らがないか」と心配する見方もありました。男性社会を告発する記事もあるため、編集部の男性記者の間には微妙な空気もありました。しかし、雑誌にとっては反響のある記事が間違いなくいい記事です。誌面の強力な柱として確立していきます。

後に『アエラ』編集長になり、退社後にジャーナリストとして『男性中心企業の終焉』（2022年、文春新書）を出版した浜田敬子氏が『アエラ』に来たのもこの頃です。同書の「はじめに」で浜田氏は、毎週載る女性の悩みや生き方に関する記事について、次のように書いています

「当初こんなことがニュースになるのかと冷めた目で見ていたが、これが読者の共感を集め、アエラの売り上げも伸びていた。その時に気づいたのだ。あまりにも自分が働いてきた環境や時代に鈍感で無関心ではなかったのか。女性の問題は『ニュースではない』という自身の感覚こそが、まさに男性の発想そのもので、入社10年で感受性も問題意識も摩耗した自身を恥じた。その後私は、退職していた大学時代の同級生などの元を訪ね、その言葉に耳を

## 傾けるようになった」

私は「女性読者に反響があるなら載せてもいいのではないか」という程度の認識で、３年前に出た「女性の権利は人権」という北京宣言も知らず、『アエラ』を離れました。その後、社内研修を受けて女性や部下に対するハラスメントをしないよう注意し、少数者に対する配慮も心がけましたが、ジェンダー平等の本質をどこまで理解していたかと問われれば、自信はありません。

定年退職後に始めた長谷川キャリア文章塾の教養講座で、ＳＤＧｓ目標の「ジェンダー平等を実現しよう」を書き、初めて認識しました。歴史的に家父長制とも深く関わっており、男性優位の日本の企業社会、ひいては効率最優先の戦後日本社会を根底からひっくり返す起爆力を持っていると感じました。単なる男女対立ではなく、「誰一人取り残さない」というＳＤＧｓの原則そのものに関わるのです。

## 世界で出遅れる日本企業

ジェンダー平等や少数者の権利保護で、日本は海外より後れていると常に言われます。しかし、子細に見ていくと、最近の裁判の判決では積極的な傾向もあります。「法律を条文通りに適用すれば当然」とも言えます。

経済の世界では、グローバル展開する大企業を中心に以前よりかなり積極的に取り組んでいます。実態はまだ十分に伴っていませんが、海外の大企業の動向を参考にしており、「多様性の欠如が業績に影響する」という認識がおおむね共有されていると言えるでしょう。経団連は「財界総本山の保守派」と見られがちな面もありますが、経済部記者として担当した経験から言えば、世界の潮流には敏感です。「DE&I」と呼ばれる「ダイバーシティ、エクイティ、インクルージョン」は合言葉になっています。詳しくは後述しますが、大企業では研修も盛んに行われています。

オランダのNGO「エクイリープ」は毎年、世界の企業3000社以上のジェンダー平等ランキングを独自指標で発表していますが、2023年の発表によると、日本企業で最高位は武田薬品工業の199位です。続いてライオン424位、アステラス製薬427位、ポーラ・オルビスホールディングス471位、花王536位と極めて低い水準です。

低くなったのは2010年代になってからです。欧米各国が管理職や役員の女性比率を高めるため、クオータ制を導入し、日本はどんどん引き離されました。日本は国会議員でも企業幹部でも一応の目標を決めていますが、すべて努力義務で強制力が伴っていません。岸田政権は2023年6月、東京証券取引所プライム市場に上場する企業について、2030年までに女性役員の比率を30％以上とする目標を決めました。しかし、2022年7月時点で達成している企業は2・2％しかありません。政府の目標は一定の影響力はあると思われますが、義務ではありませんん。欧州の大陸系国家は政府主導の法律や規制、英米は民間主導で達成を目指す傾向があります。日本の実情を考えれば、ランキングを上げるには政府主導の強制力が有効ではないでしょうか。

## 企業が取り組むべき「DE&I」のポイント

企業にとって「DE&I」がキーワードになっています。「ダイバーシティ、エクイティ&インクルージョン」の略で、日本語では「多様性、公平・公正性、包摂性」となります。かつては「D&I」でしたが、最近では「エクイティ」が加わっています。かつては同じ「E」でも「イクアリティ（Equality）」が強調されていました。これは全員に同じ条件を用意する「平等性」でしたが、今は個人の状況に応じて支援をする「公平・公正性」に重点を置くようになっています。企業にとっては、人口減少で人手不足になるため、より多くの人に働いてもらう環境を整備する必要があるのです。

実現に向けてカギになるのが「アンコンシャス・バイアス」です。「無意識の思い込み・

偏見」で、当事者が気づいていない考え方や感じ方の癖です。年齢や性別、出身地、血液型などで「あの人はこうだ」と何となく決めつけてしまうことで、誰にでもありそうです。人間の行動で無意識は95％と言われています。長年すり込まれた通念や価値観は、組織を硬直化させ、改革を遅らせるので、企業にとってはマイナスです。思い込みは誰にでもありますから、そのことを意識し、過剰な自信を持たず、柔軟に考えて行動することが重要になります。

バイアスには、異常事態を感じない「正常性バイアス」、自分の意見を封印して周囲にあわせる「集団同調性バイアス」、都合のいい情報で判断する「確証バイアス」、固定化した性別役割意識の「ジェンダーバイアス」、特定の人を過度に配慮する「慈悲バイアス」などがあると言われています。親切心が成長の機会を奪うことにもなりかねない慈悲バイアスは、最近注目されています。

「DE&I」を実現するための基盤が「心理的安全性」と「心理的柔軟性」です。「心理的安全性」は企業文化に関わる言葉で、これがある職場は率直な意見が許され、反対意見も歓迎され、わからないことを素直に伝えられ、失敗を次の改善に生かし、「ありがとう」と素直に言える状態とされます。ストレスが減り、やりがいが増し、企業業績の向上にもつながります。反対の職場は、一部の人の一方的な指示で動き、意見も言いにくいので、沈黙、従順、無反応が多くなります。管理職のリーダーシップがまず問われます。「心理的柔軟性」は、個人の考え方に関する言葉で、その時々の自分を観察し、自分の価値観に沿いながら最適な行動を取るために心のあり方とされます。「ＤＥ＆Ｉ」では、他者を尊重するだけではなく、自分の気持ちを受け入れ、折り合いをつけるセルフマネジメントも重要になります。

## 日本企業に問われる具体的課題

最近の政府の取り組みで起点になっているのは、２０１５年に制定された女性活躍推進法です。規模の大きな企業に対して、男女の賃金格差、管理職に占める女性の比率、採用に占める女性の割合などの現状を把握し、数値目標を含む行動計画をつくって公表するよう求めました。

東京証券取引所は２０２１年、管理職の多様性確保、多様な人材育成などを盛り込んだ「コーポレートガバナンス・コード」を改訂しました。２０２３年からは有価証券報告書で女性管理職比率、男性の育児休業取得率、男女間賃金格差の開示を義務付けました。東証と経済産業省は女性活躍に積極的な企業を「なでしこ銘柄」に指定していますが、全体の平均より売上高、営業利益率や株価が高い傾向にあります。

当面の最大課題は賃金格差の是正です。２０２１年のデータで見ると、男性を１００とした場合、女性の賃金は75・2です。格差は年々縮まる傾向にありますが、まだ女性は男性の4分の3の水準です。これには非正規雇用を中心とした短期労働者は含まれていません。男性正規社員を１００とすると、男性非正規は38・0、女性正規は73・0、女性非正規は23・6とより厳しくなります。それぞれ固有の背景はありますが、男女の賃金格差是正は急務です。

女性管理職を育成する手立ても必要です。阻む要因として指摘されているのが、日本人に根強い性別役割意識です。「男性は仕事をして家庭を支える」「女性は家事をする」という意識が内閣府の調査結果で出ています。女性に多いとされる考え方の癖として、「インポスターシンドローム」という言葉があります。自分を過小評価し、成功してもその要因は周囲にあると考えたり、自己否定に陥ったりする傾向です。女性のキャリアを前倒しし、早くから多くの経験を積ませようという考えも生まれています。

男性にとってのジェンダー平等も重要になります。男性優位社会という空気のような「特権」の一方で、男性特有の「生きづらさ」もあります。会社によって差がありますが、過度な社内の競争や付き合い、長時間労働、管理職の重圧、上司からのハラスメント、部下に対するハラスメントの過剰警戒などいろいろな生きづらさがあります。ジェンダー平等の視点に立てば、改善の方向も見えてくるでしょう。その一歩として、男性の育児休業取得が注目されています。育児で見えてくる新しい風景がたくさんあるはずです。社会全体の風土改革につなげることが大切でしょう。

企業業績の向上という視点からは、多様性をイノベーションにつなげる意識も求められます。多様な意見を闘わせれば、新しい市場や製品、サービスの発見があるはずです。表面的なジェンダー平等ではなく、男女の正規・非正規の社員が腹落ちした取り組みが求められます。口で言うほど簡単ではないと思いますが、率直で粘り強い対話、想像力を働かせた「わいわい、がやがや」の雰囲気が必要でしょう。

## LGBTへの対応

最後に、性的少数者の「LGBT」について考えたいと思います。それぞれレズビアン（女性同性愛者）、ゲイ（男性同性愛者）、バイセクシュアル（両性愛者）、トランスジェンダー（心と身体の性の不一致）で、前三者は性的志向、トランスジェンダーは性自認に分類されます。日本人の約7・6％が該当するという調査もあります。ジェンダー平等は男女間の問題で、社会的に女性を少数派と位置付けていますが、少数派という意味ではLGBTも同じ次元にあります。

近代国家が成立して以来、どの国も性的少数者に対しては程度の差こそあれ冷淡でした。しかし、2006年にインドネシアのジョグジャカルタでLGBTの人権保障を謳《うた》った「ジョグジャカルタ原則」が採択され、世界では急速に理解が進んでいます。自らを性的少数者とカミングアウトする例も増えています。日本でも東京都渋谷区で2015年3月、同性カップルに対して結婚に関する証明書を発行する条例が成立し、他の自治体に広がりました。経団連が2017年に「ダイバーシティ・インクルージョン社会の実現に向けて」という報告書を発表し、企業の取り組みも加速しています。

後れているのは政治で、特に一部保守派を抱える自民党が消極的です。性的少数者は「少数者が生きていくために必要な結婚などに関連した制度を整備して欲しい」と訴えているだけで、性的少数者を増やそうと運動をしているわけではありません。しかし、保守派の一部は伝統的な家族観や価値観が侵害されると考えているようで、強硬に反対しています。

2023年5月の広島サミットの前に、LGBT理解増進法を成立させようという動きが盛り上がりました。先進国で同性婚を認めていないのは日本だけだったことも強調され、サミットに向けて日本の前向きな姿勢を示そうという政治的思惑もありました。2年前に超党派で合意案をまとめていたので、これが基礎になるはずでしたが、安倍派の一部を中心に「安倍さんが生きていたらこう言ったに違いない」と合意案に反対する声が出ました。結局、保守派の主張に配慮して修正され、サミット後の6月に成立しました。

合意案では「性自認」という表現でしたが、「ジェンダーアイデンティティー」に修正され、「差別は許されない」という基本理念が「不当な差別はあってはならない」に変わりました。「すべての国民が安心して生活できるように留意する」「家庭および地域住民その他の関係者の協力を得つつ行う」という条文も加わりました。性的少数者の団体からは「少数派の課題や困難を本気で解消するつもりはないと宣言しているような内容だ」と批判の声が上がりました。

銃撃されて亡くなった安倍晋三元首相は保守的な主張で知られましたが、実際の政策は現実的な側面も少なくありませんでした。亡くなった元首相の言葉を借りて反対する動きに対して、自民党の二階俊博元幹事長は「論外。論評に値しない。亡くなった人がこう言うだろう、ああ言うだろう、などというほど無責任なことはない」と発言しています（2023年7月12日付　朝日新聞インタビュー）。反対した人たちから「女性を自認する人が女性トイレを利用して女性の安全が脅かされる」といった意見が出ていますが、こうしたトイレ使用は従来の条例や新たなルールを決めて対応すればいい問題で、性的少数者への理解を増進する理念とは次元の違う問題です。

次の焦点は、同性間の結婚でしょう。同性婚を認めない民法を違憲として5地裁に訴えがあり、2地裁が違憲、2地裁が違憲状態という判決を出しています。残る1地裁も立法が不備なら違憲になる可能性に言及しています。結婚制度は2人の関係を公に認めるだけでなく、配偶者控除や相続税など税制上の優遇やその他の権利や責任に影響します。同性婚を認めても「国民が被る具体的な不利益は想定しがたい」と指摘した判決もあります。

司法の流れは定着しているので、次は政治の立法の問題になります。LBGT理解増進法案以上の反対も予想されますが、自民党すべてが消極的というわけではありません。防衛相などを歴任した稲田朋美氏は保守政治家を自認していますが、LBGT理解増進法の制定などに前向きでした。保守派の一部からは「変節した」「安倍さんを裏切った」とも批判されていますが、知人に当事者がいて、現実をよく知っていました。稲田氏は「LGBTだけでなく、シングルマザー支援、夫婦別姓でも激しいバッシングを受けます」「人間は間違う存在であり、現実社会が複雑で、矛盾に満ちていることを認めることが保守の前提であるはずです。多様性や寛容を尊び、謙虚でなければなりません。ただ現状を維持し、何も変えないことが保守ではないのです。伝統を守るためにも時代にあわせたゆるやかな変化を恐れてはいけません」と話しています（2023年6月21日付　朝日新聞）。自民党内には「保守派に攻撃されるからLGBTには触りたくない。世界の流れから見て日本はおかしいと理解している議員は多いが、思っても言わないのが現状」という空気があります。

どんな問題でも、理解するためには現実を知ることが何より大切です。当事者と対話することが最善ですが、書籍や報道、各種情報に触れ、自分の頭で考えることが重要です。政治家は社会の意思決定をする仕事であり、自らの良心と信念で行動する使命があるはずです。

ビジネスパーソンも同様です。日本のジェンダー平等は企業や司法で先行しています。形を整えている大企業では、より内実を伴わせることが肝要です。中小企業や地方企業ではこれから本格的に取り組む会社が少なくないかもしれませんが、先行事例があるので、大いに参考にすればいいと思います。社会の課題解決に向けた企業の力は大きなものがあります。上司の指示だけで動いたり、業績向上だけを求めたりするのがビジネスパーソンではありません。政治家同様、個人の良心と信念が問われています。カギになるのは想像力を働かせることです。

# 第10章

# メディア活用 ——教養力を上げる

「日本のビジネスパーソンは視野が狭い」「日本経済が停滞している一因はビジネスパーソンの教養不足」「脳と職場に別の空間を創ろう」。本書では、ここまで、そんなことを訴えてきました。「そういうお前は、視野が広いのか。教養があるのか。別空間を持っているのか」と問われそうです。正直に告白すれば、自信はありません。大学時代は、マスプロ教育で出席を取られないので、授業にはほとんど出ていません。アカデミックな学問を学んだ記憶はありません。新聞記者時代は、取材対象を短い時間で理解しようとしましたが、体系化していたとはとても言えません。

退職後にライフシフト大学で学び、考えが少し変わりました。例えば「教養人」について、私は次のように定義したいと思い直しました。「教養人とは教養を大切だと思っている人」です。一般的には、教養人は教養を持っている人という意味でしょうが、持っている教養の程度を測るのは困難だし、どの程度以上なら教養人と決めるというのはもっと困難でしょう。ならば、教養を大切に考え、視野は広くあるべきだと思い、脳や職場に別空間があった方がいいと感じる人、これが教養人ではないでしょうか。今はそう思っています。

## メディアと教養を深掘りする

文章や画像などを作成できる生成ＡＩが関心を集めています。代表格のChatGPTを使って、メディアと教養について、聞いてみました。少し長くなりますが、全体像を理解する手助けになりますので、お付き合いください。

まずメディアに関する質問をしました。メディアの定義については「情報やメッセージを伝える手段や媒体」とし、５つの種類をあげました。マスメディア（テレビ、ラジオ、新聞、雑誌、インターネットのポータルサイトなど）、ソーシャルメディア（Facebook、Instagramなど）、デジタルメディア（ウェブサイト、電子書籍、Podcastなど）、その他（音楽、映画、テレビ番組、漫画、広告など）です。

メディアの機能については、７点あげました。情報伝達と提供、コミュニケーションと対話、教育と知識の普及、エンターテインメント、広告とマーケティング、社会的課題への影響の促進、文化の保存と伝承、です。メディアの効用については、情報伝達とアクセス、コミュニケーション、エンターテインメントとリラクゼーション、広告とマーケティング、社会的影響と意識啓発、の５点をあげました。逆に限界は、偏向性と信ぴょう性の問題、情報過多と情報の選択、プライバシーとセキュリティ、メディアリテラシーの欠如、社会的分断、の５点をあげました。

続いて教養について質問しました。定義を聞くと、４つの側面で説明しました。第一は

「知識と学識」で、一般的な知識や学問的な素養を指し、言語、数学、科学、歴史、文学、芸術、哲学、社会科学など幅広い分野の基礎的な知識を含みます。第二は「文化的な理解」で、異なる文化や社会の特徴、伝統、芸術、音楽、宗教などに対する理解です。異なる文化を尊重し、他者との共通点や違いを認識する能力も指します。第三は「道徳的な価値観」で、倫理的な基準を持つことも含まれます。個人の行動や意思決定で、他者に対する尊重、公正さ、正直さ、責任感などを重視することも含まれます。第四は「社会的な振る舞いの規範」です。社会的なマナーやエチケット、相互依存性を理解し、他者との関係を構築する能力です。他者とのコミュニケーションや協力、リーダーシップ、チームワークなどのスキルが教養の一部とされます。全体を通して「単なる知識や学歴だけでなく、個人の幅広い経験や人間性の発達に関わる重要な概念で、教養を持つことは個人の人生や社会的な関係性を豊かにし、深い理解と洞察力を養うことにつながる」と説明しています。

教養は大学教育で「リベラルアーツ」とも言われます。その意味を聞いたところ、幅広い学問分野を包括的に学ぶ教育の形態や学問領域。特定の専門分野に焦点を絞った教育と異なり、人文科学、社会科学、自然科学などの様々な分野の知識やスキルを総合的に学ぶことを目的としています。特徴は4点あり、幅広い学問分野の学習、批判的思考と問題解決能力の育成、コミュニケーション能力の向上、文化的な理解と人間性の発達となります。

リベラルアーツは「自由」と深い関係がありますが、両者の関係について4点あげています。自由な学問と思考の追求、自己実現と自己表現の機会、自由な思考と批判的思考力の育成、社会的な自由と市民参加の醸成、です。これらを通じて、個人の自由や個性の尊重、社会的な自由の価値を重視します。

似たような言葉が並びますが、一つひとつ吟味すれば、より深い意味が立ち上がってくる気がします。ここで言いたいことは、メディアと教養は深く関わっているということです。教養を深めるには、直接人に接する以外、何かを媒介します。そこに何らかのメディアがあるわけです。人に接した場合でも、例えば本を推薦されれば、本がメディアとなります。我々の日常は、メディア発の多くの情報に囲まれ、知識や教養を得て、それをいろいろな形で生かしています。現代は「メディアと教養の社会」ということもできるのです。問題はそれをどこまで自覚しているかどうか、自覚して教養力をどうつけるかではないかと思います。

## 長期的教養としての読書

教養をつけるために最適のメディアは書物でしょう。大学でも本を読むことを勧められます。研究に本を読むことは必須です。知識人と呼ばれる人たちは膨大な蔵書を持っています。問題は本をどう読むかです。偏差値教育に慣れた日本人は、「この本の筆者は何を言おうとしているのか」に集中しがちです。それ自体は悪くありませんが、筆者の意図を理解して終わってしまう可能性もあります。それが「正解」だと考えるからではないでしょうか。しかし、読書はそうした正解を探りあてる行為ではないはずです。どんな本でも読む人の意図があり、その人にとってその本はどんな意味を持つのか、何を学び、それを次にどう生かすのかが重要ではないでしょうか。本に「読まれる」のではなく、主体的に「読んでいく」ことが必要になります。参考になるのが、編集工学研究所による『探究型読書』（2020年、クロスメディア・パブリッシング）です。

編集工学研究所は、人間が行うあらゆる行為を、人間によって情報が編集されている活動と見ており、そのメカニズムを工学的なアプローチで研究しています。所長の松岡正剛《せいごう》氏は、情報と読書の関係を結び直す「読書文化」の開拓者を自認し、書評サイト「千夜千冊」などで知られています。ビジネスパーソンにとっての今を、次のように見ています。

**「時代の要請に応えることは、企業にとっては避けて通れない要件です。いかなる変化にも対応できるしなやかな柔軟性を備えた組織を維持するには、組織の構成員である社員にも時代の複雑さをハンドリングできる才覚が求められます。顕在化した課題を解決することが従**

来型の優等生タイプであるとしたら、今は自らの力で事象の問題点を見つけ出せることが有能な人材の条件です。形骸化したものの見方、価値観に囚われていては事象の本質を見極めるのは困難です。ビジネスパーソンに求められる力は、固定化された認知の枠組みの打破です。探究型読書では自分の思考を立ち上げる契機として、本の存在を続けています。VUCAの時代と言われて久しいですが、まさに現在はどこかにある答えを探して旅をする時代でありません。まだ見えていない問題や予想外の課題を、まずは仮説ベースで提案し、現実と調整しながら、手探りで解決の道を探っていくアプローチが求められる時代です」

探究型読書については、物事を深く思考したり、自分なりの考えを組み立てたり、問題を追求し続けるための「手段としての読書」と位置付けています。本を読むことそのものより、「本を手がかりにして考えること」を推奨しています。探究型読書では、「主体は著者ではなく読み手」と強調しています。こうした基本姿勢によって、本を読む地平が広がるのではないでしょうか。暇つぶしや娯楽で本を読む時は別ですが、自分や仕事を成長させたいという意図を持って読む場合、自分のスタンスを決め、そこから本に挑んでいくような精神が必要になります。

## 新聞記者としての取材での実践

こうした本の読み方は新聞記者の取材でも実践してきました。日々のニュースを追う場合にはあまりできませんが、長期間の連載企画をする時には大いに活用します。２０１８年4月から3年間、朝日新聞静岡版で連載した「遠州考」の取材から紹介したいと思います。遠州ゆかりの人物や風土、歴史などを1テーマ4～8回で深掘りする企画です。多い時で1テーマ20冊程度の本を参考にします。

遠州地方には7市1町ありますが、すべての図書館で関連の書物をピックアップします。すべて目を通し、参考になりそうな本を10冊程度借ります。職場や自宅でさらに読み込み、企画に使えそうな部分を拾い出します。本は相当速いスピードで読みます。見落としがあるかもしれませんが、細かいところは気にせず、ふるいにかけていきます。選ぶ基準は、当初に持っている大枠の問題意識で、本を調べていくうちに問題意識が変化することも少なくありません。

執筆にあたっては「地域を励ましたい」という気持ちがあり、自分の中では「励ましのジャーナリズム」と名付けていました。前向きな話だけでなく、今後の教訓となるマイナスの話も取り上げていきます。本を参考にして取材する人を決めます。テーマに直接関係する人、詳しい人などに取材のお願いをしていきます。本と証言を中心に記事をまとめます。

東京女子医科大学を創立した吉岡彌生《やよい》（1871～1959）を取り上げた「吉岡彌生の肝っ玉」を参考に見ていきたいと思います。吉岡は、静岡県掛川市に合併された旧城東村の出身です。城東は、戦国時代に徳川家康と武田信玄・勝頼親子が激しい争奪戦を演じた高天《たかてん》神《じん》城の東という意味です。吉岡は明治維新の直後に生まれ、元気で活発な女性として育ち、日本で27人目の女性医師となり自立しました。女性が学べる医学校の済世《さいせい》学舎が廃校になったため、自ら学校をつくり、今の東京女子医大となりました。

旧城東村にある図書館には、郷土資料として吉岡関連の基本的な文献があります。吉岡自身が監修してまとめた伝記があり、大きな柱になります。地元には記念館もあり、わかりやすくまとめた資料を入手できます。これらを読み進めていくと、女性が学ぶことができた済世学舎が廃校になった背景には、明治維新の動乱が浮かび上がってきて、医療史関係の文献にあたりました。済世学舎を創設したのは戊辰戦争で賊軍となった長岡藩の藩医でした。官軍の長州藩出身で明治政府の実力者になった山縣有朋らは怨念を抱え続け、軍医の森鷗外も「教育内容が貧弱だ」と済世学舎を攻撃していました。吉岡はそうした中で開校したことがわかりました。学校の行事に大隈重信が参加し、女性の社会進出の是非をめぐって紛糾すると、大隈がなだめ役に回ったという逸話もありました。

吉岡は昭和の初め、女性雑誌の企画で「女性首相に一番ふさわしい人」に選ばれるほど高い知名度を誇りました。しかし戦後、教職を追放されました。戦時中に愛国団体に積極的に参加したことが理由でしたが、このあたりは本人の伝記や記念館の資料ではあまり触れていません。負の歴史ということになるわけですが、女性史研究者が様々に評価していたので、記事で紹介しました。また、客観的に語れる一族の方が健在だったので、話を聞きました。「男尊女卑、官尊民卑の時代、勇気凜凜と生きた人」というイメージで全体像を示すことができました。

探究型読書はこれからますます重要になるでしょう。暗中模索の中で読む本もあると思いますが、多くの場合、何のために読み、どう生かしたいのかという「目的」が重要になります。読むにあたっての姿勢としては、本を通じて自分が変わりたい、何かを伸ばしたいという「成長意識」が必要でしょう。動画が多くなっている現在ですが、活字満載の本は、これからの時代も教養を得るメディアとしては首座にいるでしょう。

## 本、人、旅の出口流教養術

ライフネット生命保険創業者で、立命館アジア太平洋大学元学長の出口治明氏は、著書『人生を面白くする本物の教養』（2015年、幻冬舎新書）で、「本を読む」「人に会う」「旅に出る」ことの大切さを説いています。本質的な指摘だと思います。本については先に探究型読書で触れましたが、出口さんは「わからない部分を読み返すことで本の内容を血肉化」「新しい分野を勉強するときは分厚い本から入る」「古典は無条件で優れている」「デジタルかアナログかは好みの問題」などと提案しています。

「人に会う」については、次のように書いています。

**「大きな目でとらえれば、本も旅も人だと言えます。本を読むことは著者と対話することですし、旅は異なる場所に住む人を知ることです。つまり、すべては人です。古典を読めば過去の賢人と対話ができますから、本はどちらかといえば時間軸です。旅は離れた場所に行くことですから空間軸です。タテとヨコの思考法で言えば、本はタテ、旅はヨコということになります。私は人とつき合う場合も本と同様、基本的には面白いかどうかで考えています。面白ければつき合えばいいし、面白くなければ近所づき合い程度で十分だと思います。人と会う時間も、本と同様、ワクワクしなければ互いに時間の無駄だからです」**

前職の日本生命でロンドンに駐在した当時、たくさんある現地の日本人会にはあまり出なかったそうです。外国人との予定を優先したためですが、ある銀行の役員から「日本に帰ったら出世する人ばかりだから、仲よくした方が得ですよ。外国人は役に立ちませんよ」とアドバイスを受けたそうです。いかにも内向きな日本企業の姿ですが、出口さんは「それがいけないといった青臭いことは言いませんが、そんな発想では利害を超えたグローバルなお付き合いはできません。肩書ではなく個人として付き合わないと」と指摘しています。

そして日本では人脈をテーマにしたビジネス書がたくさんあることに触れて、次のように書いています。

**「相手を人脈としてしか考えない人は、自分もそうみられている」**
**「人間関係を利害関係としかとらえないのは世知辛い。利害でつながった人間関係は、利害が切れたらそれでおしまいです。どうして、もっと個人として情で付き合わないだろうか、といつも思うのです。私は面白い人であれば年齢・性別・国籍フリーで誰とでも付き合いますが、形式的なお付き合いは極力省きたいと思っているタイプです。なぜなら、人生にとって時間ほど大切なものはないからです。この人はいっぱい引き出しを持っていそうだなと感じたら、自然と話を聞きたくなってしまうのです」**

この「引き出し」こそが、広い意味での教養でしょう。

「旅」については「最高の遊びにして、教養の源」と言います。大学時代には寝袋を担いで北海道を旅行し、その後は、神社が好きだった知人に感化されて全国の一宮《いちのみや》を回りました。

中学校の美術の教科書にあった女性の絵にあこがれ、社会人になって40年間で70カ国120都市の美術館を回りました。海外に行った時には、街でマーケットや女性、若者を観察して国情を推測するのが楽しいと言います。そして、次のように書きます。

**「旅の最大の効用は『百聞は一見にしかず』にあります。ピラミッドの大きさは本を読んでも知ることができますが、ギザのピラミッドの前に立ち、その場の匂いを嗅ぎ、熱気を感じ、石に触ってみて初めて得られるものがたくさんあります。あの場所の熱気や砂の熱さ、マスとしての量感といったものは本を読んでいるだけでは決して分かりません。何よりも生きた情報は人間の五感を通して伝わってくるものなのだからです。旅によって得られる情報量は圧倒的です。人間は目で文字を読み、耳で人の話を聞くことで情報を得ると思ったら大間違いです。人は常に五感で情報を得ているのです」**

肉体に刻まれた情報や教養は簡単には消えません。大きな災害や事故現場に行くと、独特のにおいがあることがあります。においは五感の中で最も原始的と言われています。においは文字や話し言葉で伝えることは困難だからこそ、現場に行った人間特有の教養と言うことができます。教養は身体とも深くつながっています。

## 長谷川塾メルマガの教養講座

2023年1月から配信している長谷川キャリア文章塾のメールマガジンでは、週替わりで教養講座を連載しています。文章を書くには、まず基本ルールが重要で、次に知識・教養と考えているからです。基本ルールは1カ月ほどで習得でき、わかりやすく簡潔な報告書やビジネスメールなどを書くことができます。しかし、内容を深くしようとすれば、知識や教養が必要になり、一朝一夕にはできません。知識や教養を大切にする態度と行動が求められます。メルマガはそのきっかけづくりです。本人に成長意識がなければ、知識も教養も中途半端に終わります。

教養講座の内容は、多岐にわたります。半年余りで特集したテーマをリストアップすると、文章塾ですから、「文章・文学」に関する教養を優先して取り上げています。三島由紀夫の文章論、ドナルド・キーン氏の日本文学史、芥川賞などがあります。「時事・社会知識」も重要分野です。「ジェンダー平等」などSDGsの目標ごとの解説、医療の論点、財政を考えるなども特集しました。教養には「歴史」が必須だと考えています。日中関係史、東條英機伝、世界の名演説なども取り上げました。それ以外は「一般教養」という趣《おもむき》で、

「松下幸之助語録」や「渋沢栄一の『論語と算盤』」といった経営系、「禅語」や「五木寛之の思想」といった生き方系、「グルメ風土記」というソフト系もあります。

## 重要な第二次世界大戦の教養

現在のビジネスパーソンにとって重要なのが、第二次世界大戦に関する教養だと思っています。とりわけ、第一次世界大戦と第二次世界大戦の戦間期に起きた世界の動き、１９３１年の満州事変から１９４５年の終戦に至る日本の動きは、ビジネスパーソンが常識として押さえておくべきだと考えます。

なぜなら、日本という国にとって歴史上、最大の失敗であることが第一です。第二は、米中対立、ロシアのウクライナ侵攻、台湾有事の懸念、北朝鮮の核武装などで、世界の秩序が大きく揺れているからです。最終的には政治の問題になりますが、経済の占める要素は大変大きく、影響も大きいものがあります。最近では「地政学」「経済安全保障」という言葉が頻繁に聞かれ、企業が対応する必要に迫られています。企業活動を維持する観点から有効な対策を実行すべきですが、一方で世界の対立を促す動きを受け身で傍観したり、無定見《むていけん》に拍車をかけたりするのは望ましくないでしょう。経済は、軍需産業など一部を除いて、平和であってこそ意味を持ちます。経済は平和勢力なのです。経済関係者にはその自覚が必要でしょう。

長谷川キャリア文章塾で取り上げた「日中関係史」と「東條英機伝」から、教養講座の最終日に「視点」として書いた文章を紹介します。「日中関係史」は、第5章の「東洋と西洋」で紹介した内容と一部重複しますが、ご了承ください。

◇

**「日中関係史」**

**我々は中国をどこまで知っているだろうか。中国に嫌悪感を示す日本人は増えており、友好を望む人を「媚中派」のレッテルで非難する風潮もある。世界のどこでも隣国とは難問を抱えている。隣国関係を適切に管理し、武力衝突に発展させないことが肝要だ。**

**今週は日中関係の歴史を見てきた。戦争に至ったのは、①白村江の戦い（663）、②元寇（1274、81）、③日清戦争（1894）、④満州事変から第二次世界大戦（1931～45）だが、いくつかの教訓がありそうだ。**

**第一は日中対決というより、第三国が関係していることだ。①は新羅（朝鮮）、②は南宋、③は朝鮮利権が関係していた。④は日本の侵略行為だ。現在の台湾有事は、米国抜きに**

は語れない。日中間は単純な2国間対立ではなく、複雑な様相を持っているという認識が必要だ。

第二は圧倒的多数を占める漢民族との対立は少ないということだ。①は漢民族だが、②はモンゴル、③は満州族だ。漢民族は北方民族の侵入をたびたび受けているが、領土的な拡張志向は強くない。アヘン戦争まで、日本にとって中国はお手本とする先進国だったが、日清戦争後に侮蔑に変わった。中国から見れば、アヘン戦争以降の屈辱を清算したい思いは強い。その手段として漢民族が「武」を使うか、「文」で戦うか、見極めが必要だ。

国家と社会を分けて考える視点も重要だ。習近平氏は国家主席3期目に入り、強権的な一強に見えるが、「独裁のジレンマ」がある。イエスマンの側近への猜疑心が独裁を揺るがすという教えだ。コロナ対応、経済運営は試金石だ。国民生活が揺らげば、政権も強権的に抑えることはできない。

中国には米国への留学経験者が日本より多く、日本人の平均的感覚と変わらない。知識人を中心に国民は、習政権を心からは支持していないとみていいだろう。中国には王朝交代は天の意志だと肯定する「易姓革命」の考え方が根強い。広大な大地と14億の民を抱える中国人の意識は、日本人とは異なると考えた方がいい。統治は容易ではなく、内政が最優先される。日本や米国との関係を軽率に荒立てたいとは思いにくい。

日本人が思う以上に中国は多元的だ。日本側には多元的な視点が必要になる。その前提で両国関係を適切に管理する官民の知恵と努力が必要と言えるだろう。

◇

「東條英機伝」

東條英機の足跡が現代に残す教訓を考えたい。東條の戦争責任は重大だが、危機の時に東條のような人物しかいなかった日本のぜい弱さこそ問うべきだろう。東條は真面目で有能で、押しの強い能吏だった。しかし、陸軍経験しかなく、実戦は1回だけ。官僚として頭角を現し、陸軍の利害の代弁に終始し、予想外にも首相になってしまった。「東條なら陸軍を押さえられるだろう」と周囲も無責任だった。天皇は非戦論者だったので、東條は軌道修正を図ったが、自分があおった逆流に飲み込まれていった。

陸軍しか知らない東條に視野の広さはなく、世界を構想する力もなかった。東條と同じ1884年に生まれ、戦後に首相を務めた石橋湛山は、東洋経済新報で「領土の時代ではない。満州を捨てて、貿易に生きろ」と主張し、言論の自由を重んじた。戦時中は弾圧されたが、湛山の構想に学ぶ気風があれば、戦争は避けられ、日本の国際的な立場は今とは全く違ったはずだ。

大正から昭和初期にかけて、政党政治が実現した。しかし、政争に明け暮れ、経済の停滞とともに軍部の台頭を許した。１９３１年の満州事変が転機となり、軍部に批判的だった新聞は、軍部容認に変わった。33年、自由主義的法学者の瀧川幸辰《ゆきとき》京都大教授が「共産主義的」と非難されて免職される滝川事件が起きた。これ以後、右派からの執拗な個人攻撃が始まり、言論空間が極端に狭まった。日本は曲折を経て戦争に傾き、予想外の東條首相誕生へとつながった。国民は戦争を望んだわけではなかったが、追随し、新聞もあおった。

日本は明治維新以後、国家を重視する「官権派」と個人を重視する「民権派」という二つの底流がある。官権派の最右翼は長州出身の山縣有朋で、陸軍の大実力者でもあった。民衆を信用せず、天皇を現人神《あらひとがみ》と奉り、結果的に日本を空洞化させ、破滅に導いた。本来、官権も民権も健全ならば、それぞれ一理あり、両派の対話と均衡が望ましいとも言えるだろう。

ロシアのウクライナ侵攻で、日本でも戦争が現実味を持って語られる風潮になった。防衛費倍増も決まった。昔と違って今は核兵器があり、ＡＩやドローン、ロボットを使った戦争も語られている。人類はロボットを使ってまで戦争をする必要があるのだろうか。交渉で物事を決める方が、よほど人間的で生産的で、人の幸せにつながる。

戦争は異論を封じる文化戦争から始まる。言論が正常に機能していれば、大きな過ちはない。教訓は「政治家と有権者は政党政治を大切にしよう」「見識と構想力を持った指導者を支えよう」「言論封殺の動きには断固かつ執拗に反対しよう」だと考える。指導者だけではなく、国民一人一人の見識と覚悟にも関わっている。

## 新聞記者が教えるニュースの読み方

日々起こるニュースや時事は、知識や教養に深く関わります。新型コロナウイルスは、現在生きている私たちにとって得体の知れない「未知の脅威」でした。2020年1月以降、おびただしいニュースが発信され、それに伴ってウイルスやワクチン、感染症の歴史といった知識や教養の紹介があふれました。アルベール・カミュの小説『ペスト』(1947年)も話題になりました。感染症や戦争、大災害といった大きな社会変動は、教養に対する関心を大きく高めます。メディアは価値判断して発信しますが、ポイントを紹介します。

私は2008年から2010年の2年半、朝日新聞東京本社編集局長補佐として、紙面の当番編集長を輪番で担当しました。日々の朝刊・夕刊について、1面から各面の記事の扱いを最終的に判断する役割です。各部が「1面希望」「2面相当」などとその日出稿できる記事をエントリーします。かつて整理部と名乗っていた編集担当部門で調整します。衆目の一致するニュースがあれば、メニューはすんなり決まります。ニュースの影響力、波及力、意外性、読者の関心などが基準になります。意見が割れて難しい判断になる場合もありますが、最後は当番編集長が決定し、理由を説明します。紙の新聞はニュースを価値判断で配置する一覧性が特徴です。一覧性の判断は明治以来の長い伝統があり、ネットメディアと比べた場合、新聞社の信頼性と競争力の源泉だと思います。デジタルメディアは入ってきたニュースを早く流すことが基本なので、紙に比べれば判断は楽です。

長谷川キャリア文章塾のメルマガでは、前日のニュース数本を紹介しています。判断基準は、新しい事実を基本に置き、①これから焦点になるか、②未来の秩序や構造に影響するか、③意外性があるか、④日本人として知っておいた方がいいか、で決めています。ニュースは過去の出来事ですが、重要な点はそれが将来に影響し、焦点となって話題になるか、尾を引くかどうかです。影響の範囲については、世界秩序、業界秩序、人々の認識の枠組みなど様々あります。影響の程度は正確に予測できませんが、記事を読んだ直感も含めた瞬時の判断になります。意外性は「えー、そうなの」という素直な驚きや感情を重視します。

ニュースに一口コメントも書いています。個人の立場からのコメントです。特定の立場に立つものではなく、あえて言えば「自由で豊かな社会を創る」という立場で、ニュースに対しては是々非々です。公正で真面目に生きている一般人の共感を得たいと思っています。

## 池上彰、佐藤優両氏の活用法

もう少し幅広くメディアの活用方法を見ていきたいと思います。元NHK記者でジャーナリストの池上彰氏と、元外務省主任分析官で作家の佐藤優《まさる》氏は、多くの共著を書いています。情報収集ではベテランのプロですが、幅広いメディアの活用法をまとめた『僕らが毎日やっている最強の読み方』(2016年、東洋経済新報社)を参考にしながら、私の意見も交えて考えていきます。

同書は、新聞、雑誌、ネット、書籍という幅広い活字メディアの使いこなし方について、対談形式で詳しく紹介し、大変参考になります。「僕らの極意」として70のポイントを選んでいて、便利です。極意からいくつか選んで、考えてみたいと思います。

新聞については、二つの極意を紹介します。一つは、「新聞は『世の中を知る』基本かつ最良のツール」。ネットが普及しても新聞情報の重要性は変わらない」、もう一つは、「情報収集の基本は新聞だが、全国紙1紙では不十分。最低2紙に目を通さないと、ニュースの一部しか拾えない」です。

最初の「新聞は『世の中を知る』基本かつ最良のツール」は、新聞記者経験者として、完全に同意します。世界と日本で毎日起きるニュースをていねいに追っているエネルギーの総量は、テレビや雑誌、ネットなど他のメディアを圧倒しています。かつては「飛ばし記事」といって、他社と争っている場合、多少不正確でも書いてしまう傾向もありましたが、今はネットとの差別化で信頼性を重視しているので、記事の正確さは増しています。話題になっている動きはほとんどフォローしているので、その時の記事の扱いは小さくてもしっかり取材をしています。その成果は、展開に応じて記事や解説を書く時に生きてきます。そうして生み出された記事は、ニュース報道の基本になっており、テレビや雑誌も参考にしています。

ただ、深刻な事情も生まれています。ネットの登場で、新聞紙の読者が減り、広告も少なくなって新聞社の経営が苦しくなっていることです。どの新聞社も現場記者を減らさざるを得ません。社の方針にもよりますが、重要度が低いと判断した持ち場から減らしていきます。朝日新聞社の場合、2010年代後半以降、地方の記者を減らし、地方版のページも減らしています。かつてはほぼ各県に一人の新人記者を配属し、育成してきましたが、採用を減らしているので、記者は高齢化しています。朝日新聞社が主催する夏の高校野球（全国高等学校野球選手権大会）は、入社2～3年の若い記者にとって重要な勉強の機会でしたが、今は50代以上の記者がメインの担当になることもあります。猛暑で健康も心配になります。

米国では一足先に地方紙がつぶれ、首長や議会に対するチェック機能や関心が衰えて、投票率の低下や行政の不祥事が増えたと指摘されています。民主主義の基盤に関わる事態です。メディア事情に詳しくない人は、「ニュースはネットで見ているから問題ない」と言いますが、ネットのニュースは多くが新聞発です。新聞が弱体化すれば、ネットのニュース情報も貧弱になります。これは新聞社の問題ではなく、社会的な問題です。フェイクニュースが増えて、信頼できる情報を共有できなくなる可能性もあります。まともな議論も対話もできなくなります。新聞社は企業として必要な手を打つ責任がありますが、社会に対して理解を求める行動も必要でしょう。新聞に対する健全な批判を真摯《しんし》に受け止める一方、新聞の持つ社会的機能を積極的に発信し、新聞ファンをつくる活動も求められています。

## 全国紙は最低2紙読む

もう一つの極意である「情報収集の基本は新聞だが、全国紙1紙では不十分。最低2紙に目を通さないと、ニュースの一部しか拾えない」はどうでしょうか。

佐藤さんは、次のように話しています。

**「2013年12月の安倍首相の靖国神社参拝から、保守系とリベラル系の違いが鮮明になっ**

**てきたと思う。その後、産経新聞、読売新聞、日経新聞が安倍政権に好意的、朝日新聞、毎日新聞、東京新聞が安倍政権に対立的な立場をとる傾向が鮮明になりました」「以前から産経新聞だけは保守色が明確でした。他紙は潜在的に右左の差はあったものの、それを表に出していなかった。それが現在、産経新聞の路線つまり、保守派に読売新聞と日経新聞が乗って、朝日新聞、毎日新聞、東京新聞は逆に現政権反対の立場を明らかにしています」**

安部元首相は亡くなったので、事情は少し変わりましたが、朝日・毎日・東京が自民党と公明党の連立政権に批判的、読売・日経・産経が好意的という分析はその通りだと思います。その意味で、2紙読んだ方が、世の中をよく理解できるのも事実でしょう。読みやすいところでは1面コラム、政策の是非を考えるなら社説、力を入れているオピニオンの面や記事で違いが出るので、試してみるといいでしょう。より具体的な新聞活用法は同書に譲り、ここでは私の考える各紙の違いを書いてみます。ただし、こうした違いが目立つのは、主に政治分野で、特に与野党で意見が分かれる政策テーマに限られています。政治以外の分野での違いは、それほど大きくないことを押さえておいてください。論争的なテーマで違いがあると、新聞すべてが違うような印象を持ちますが、そうではありません。

産経新聞は産業経済新聞社が正式名称で、経済界の利害を代表する立ち位置でした。かつては土光臨調などの行政改革を熱心に追うなど経済界寄りの報道に特徴がありましたが、最近は政治的保守派の紙面に傾いている印象です。産経新聞から朝日新聞に移った記者は多くいますが、保守的な思考を持っている人は多くありません。あくまで社の方針に沿って保守的な紙面をつくっていると見ていいでしょう。

私が1980年に入社した当時は、読売新聞は保守的ではなく、社会部が強い新聞でした。荒々しく、おもしろい紙面でした。後に社長になる政治部出身の渡辺恒雄さんが影響力を増すとともに変わっていきました。渡辺さんと亡くなった中曽根康弘元首相との深い関係は有名で、中曽根首相当時、読売の記者は「中曽根さんに批判的なことは書きにくい」と話していました。

私は新聞のあり方について「基本スタンスとして、政権党や政府に代表される強い立場の組織や人には厳しく、弱い立場の組織や人を尊重する。個人を重視し、多様な意見を紹介する役割がある」と考えていますが、読売新聞は違うようです。保守派と言われますが、国家と自民党重視と言った方が正確ではないでしょうか。ライバル紙としてみた場合、記事がわかりやすく、政権党や政府の動き、行政文書や人事をいち早く報じようとするという点で参考になりましたが、新しい視点を学ぶという意味ではほとんど役に立ちませんでした。親しい読売記者には、「読売は新聞じゃないよ」と冗談交じりに言っていました。

日経新聞は現実派でしょう。保守派と言うほどイデオロギー色は感じませんが、行政の執行主体という意味で政権には好意的な印象です。企業にも好意的で、市場重視の傾向があるので、市場倫理を守らない企業には厳しい面があります。社会的弱者への取材は薄く、読者欄もないので、紙面や社の事業がエリート層や富裕層向けの印象があります。２０１５年のフィナンシャル・タイムズ買収は大きな決断で、コラムを中心とした記事やデジタル展開のレベルアップにつながっていると感じます。

毎日新聞は、新しい視点を知ることができるという意味でもっとも参考になりました。看板企画である「記者の目」は記者の個性を生かした好企画で、自由な社風が伝わってきます。新聞に対する考え方も朝日新聞と似ているので、各記事の扱いも違和感はあまりありません。月曜2面にある山田孝男特別編集委員のコラム「風知草」は愛読し、視点と姿勢を学びました。

東京新聞はもっともリベラルでしょう。「こちら特報部」は問題意識とスピード感のある取材が魅力です。中日新聞社が発行していますが、東京での立ち位置を十分に意識した紙面づくりとも言えます。名古屋の中日新聞は、正統的なリベラルです。浜松市を中心とした静岡県西部地方を拠点にする中日新聞東海本社も中日新聞を発行しています。私が最後に勤務した土地なのでよく知っていますが、浜松市政に好意的で、東京新聞のような批判精神は感じませんでした。２００７～23年に在任した市長は地元自動車メーカー経営者を最大の支援者にしていましたが、中日新聞は浜松市政や地元自動車メーカーに批判的な記事をあまり書かないことで地元では知られていました。地域によって紙面のカラーも違うのです。

主に地方紙に配信している共同通信は、国際報道に強く、政権には厳しい記事で知られています。地方紙の場合、地元情報以外は共同通信のカラーが出ることになり、保守的な論調より、リベラルが優位になります。

朝日新聞は国家より個人重視で、政権には厳しい紙面をつくっています。政権交代が頻繁にあれば公平になるのですが、自民党政権が長いので、自民党支持者らからは「批判ばかりだ」と敬遠される声も聞きました。政権を持っているからこそ批判し、よりよく実行して欲しいと励ましてもいるのです。社外からは官僚的に見える部分もあるようですが、記者は多様で、いろいろな人間がいます。私にとっては、おおむねいい組織でした。

朝日新聞は、政権に厳しい毎日新聞、東京新聞とともに同列で批判され、場合によっては、朝日系のテレビ朝日、毎日系のＴＢＳも含めて論じられることもあります。批判するかどうか、批判をどう感じるかは、メディア観の違いも深く関係しています。少なくともこの３紙は、批判や異論があってこそ、社会はよくなると考えているはずです。批判を受けた方は、決して気分のいいものではありません。批判を受けた人も一定の納得をする記事づくりと表現が求められていることは、言うまでもありません。私自身、批判する場合はそう心がけてきました。

## メディアとしての新聞・テレビの課題

新聞の大きな課題は経営問題です。新聞社によって差はありますが、部数と広告の減少は共通しています。記者が減って、紙面が劣化し、報道を維持できなくなる可能性もあります。デジタルメディアが経営的に紙の新聞を代替すればいいのですが、まだ見通せません。

こうした場合、私がよく引用する話があります。巨人や阪神などプロ野球球団は、日本一を目指して激しく争います。しかし、「野球を盛り上げよう」という共通の基盤がありま す。自民党と野党は激しい論戦や駆け引きをしますが、「民主主義を発展させよう」という思いは同じはずです。新聞社も紙面や販売部数で激しく競争しますが、「健全な報道で日本をよくしよう」という共通の目標があるはずです。競争すべきところで競争し、協調すべき点で協調する姿勢が必要でしょう。

新聞各社共通の課題は、ニュースサイトへの配信料金が安いことです。サイトを経営する企業の利害もからみますが、新聞が信頼できるニュース配信をできなくなれば、サイトも困ります。日本新聞協会を中心にこの問題に取り組み、公正取引員会は配信サービス会社と新聞社の取引実態を調査し、新聞業界の主張を認める内容の報告書を発表しました。海外では既存メディアを支援する規制や公的支援をする動きが増えています。日本ではメディアの自助努力がもっとなければ国民の理解を得られないと思いますが、各社の利害を超えて、健全な報道基盤をどう確保し、維持するかという観点に立った行動が求められています。

テレビは新聞ほどではありませんが、広告のデジタルシフトで危機感を高めています。経済基盤の弱い地方のテレビ局は深刻です。キー局も安泰ではありません。難しいのはNHKの存在です。受信料収入を柱とするNHKは、デジタル化や景気変動による広告減少の影響を受けません。ネット発信をもっと強化したいと思っていますが、民放と民放に近い新聞社が反対しています。NHKがネット発信を強化すれば、民放への影響も避けられないと思われますが、視聴者のために技術の進歩は積極的に活用すべきでしょう。民放側のスタンスがNHKに活用させないと見られれば、説得力が今一つになります。民放や新聞社は「日本の放送が発展してきた基盤であるNHKと民放の二元体制は維持すべきだ」と主張しています。NHKと民放の目先の利害調整を超え、視聴者の利益を優先した新たな構想が必要になっています。

## ネットの功罪を自覚した活用を

ネットメディアは２０１０年以降、スマホの普及とともに不可欠なメディアになっています。ネットメディアについて、池上氏と佐藤氏は「知りたいことだけ知れるのがネットの功罪。ネットは上級者のメディア。情報の選別にはかなりの知識とスキルが必要」と言っています。どういうことでしょうか。

紙の新聞は、前の日に起きたニュースの軽重が一目でわかる一覧性があります。どのニュースが社会にとって重要かという価値判断は、簡単なようで難しさもあります。最終的には個人の判断や趣味にも関わりますが、社会という公共空間での軽重は、経験がものを言います。

新しい出来事の影響や社会的問題性、今後の展開を瞬時に見立てる能力が必要になります。他の動きとの関連性を洞察する力も必要です。ジャーナリズムの定義は日本語ではややあいまいな点もありますが、日々大量に発生する世界の動きについて、瞬時に見立てながら発信していくことは、ジャーナリズムの基本的な活動と言えます。

ネットで難しいのは一覧性を欠いていることです。多くのニュースが載っていますが、項目がずらりと並び、軽重はあまりつけられません。新しいニュースが入ってくれば、古いニュースは重要でも後景に退きます。両氏は「ネットの情報は玉石混交で、そこから玉だけを選ぶのはかなりの知識とスキルが必要。新聞や雑誌が持つ編集と校閲という重要な二つの機能が欠如している。ネット空間はノイズ過多。ネットはうまく使えば便利で有益なツールになる反面、時間を浪費したりノイズ情報に惑わされたりする危険性もある両刃の剣。ネットは上級者メディア」と言います。

「メディアリテラシー」という言葉は一般的になりましたが、ネットの効用と限界について十分認識しておく必要があります。

## 基礎知識の習得には教科書が最適

最後は教科書の重要性に触れたいと思います。私は朝日新聞社への入社試験の勉強をする際、高校の政治経済の教科書を読みました。基本がわかりやすく書いてあるからです。銀行を志望していた学生には「大学生で高校の教科書を読むのか」とからかわれましたが、「銀行志望らしく形式的な考えだな」と反論しました。

２０１１年の東日本大震災の後、多くの人が不条理に思いをめぐらせたと思います。「人間はいかに生きるべきか」という問いの手がかりになる本を探しに行った時、高校の倫理の解説書と用語集が目に留まりました。いずれも歴史教科書で有名な山川出版社の発行です。濃密な内容ですが、値段は格安です。ギリシャ哲学に始まる西洋思想、仏教や神道など日本に関係する思想、地球環境問題や世界の平和など、広く深い知的テーマを簡潔に知ることができます。聞いたことのある言葉や人名が中心ですが、大人になっているので意味合いは高校時代よりはるかに理解できました。文章は平易ですが、含蓄があり、知的で大変参考になります。必要に応じて古典にあたったり、解説書を読んだりしました。この本で紹介したテーマの多くは、当時関心を広げた分野でもあります。教科書検定で論争的なテーマは注目を浴びますが、それ以外は学識経験者のチェックを受けて、公平で妥当、ていねいな内容になっています。

両氏も極意の一つとして「基礎知識を強化するには小中学校の教科書」をあげています。**「教科書は次世代を担う若者が知っていなければならない知識や思考法が詰められたものです。政治や経済でいえば、ニュースを理解するための基礎知識は中学生向けの公民の教科書にほとんど解説が載っています。小学校高学年向けの教科書もかなり充実しています。時事ニュースを理解するために必要な基礎知識は小学校の教科書に概ねそろっています」**「教科書、恐るべし」ではないでしょうか。これからを生きるビジネスパーソンにとって、歴史は必須科目と言えるでしょう。経済活動でも地政学的要素が高まり、歴史に関する知識が今までになく重きを持っていくと予想されます。米中対立は簡単には終わらないでしょう。中国や東南アジアでサプライチェーンを再構築する場合、各国の歴史を知っているかどうかで判断やコミュニケーションが大きく影響されるでしょう。台湾有事の行方、日本と韓国との連携にも歴史は重要な要素です。イスラエルとパレスチナの問題は歴史そのものです。国によって歴史認識に差はありますが、違いを知り、共通理解を求めて対話を重ねていく姿勢が重要になります。ビジネスは平和勢力であり、平和あってこその活動です。

頭の中に教養の空間を創造しましょう。

# あとがき

日本の企業とビジネスパーソンの飛躍を願って書いてきました。「脳と職場に新しい空間を創って視野を広げ、イノベーションにつなげよう」というのがメッセージです。「答えになっていない」という意見があるかもしれません。そんな意見には、こう答えようと思います。「世の中には一つの正解があり、それを追求すべきだという日本の教育に毒されていないか」。正解は一つではなく、皆さんの思考と行動にあると考えます。本書から多少でも手がかりを得て、自らの思いを実現すべく奮闘し、新しい未来を開いていただければ、これに勝る喜びはありません。ロシアの小説家アントン・チェーホフ（1860〜1904）は「小説家の役割は問うことであって、答えることではない」と言いましたが、元新聞記者として似たような思いがあります。

例えば、電機業界の衰退の理由を分析的に次のように説明することができます。マインド面では日本企業が圧倒した1980年代のおごり、制度面では日本的経営（終身雇用、年功序列、企業内組合）の強みが弱みへ転化、マクロ経済環境ではバブル崩壊による投資や金融の縮小、戦略ではモノづくりという過度なハード志向や短期成果主義、資源配分では自前主義への固執やM&Aの後れ、競争環境ではプレーヤーや競争の過多、スキル面ではマーケティング力の不足、などを指摘することはできます。

しかし、根本は日本の人材であり、そこから生まれる風土だと考えます。どんな問題でも最後は「人」で、今、問われているのは多様性です。欧米諸国はもともと移民が多くて多様性があり、それが新たな知恵を生み出します。日本企業も多様性重視の経営に取り組んでいますが、もともと同質性の高い国なので、よほど意識的に努力しないと成果は期待できないでしょう。社員を多様化するだけでなく、個人の内面を多様化するやり方もあります。そのカギが「教養」であり、特に歴史ではないでしょうか。

作家の司馬遼太郎は『対訳　21世紀に生きる君たちへ』（1999年、朝日出版社）という著書で、歴史について「それは、大きな世界です。かつて存在した何億という人生がそこにつめこまれている世界なのです」と書いています。これまで生きてきた人間の命の数だけ歴史があり、その総和が教養と言えます。過去の地球人すべての人生に思いを馳せ、未来の地球人すべてを考える姿勢が重要ではないでしょうか。

最後に、800ページを超す大著『世界標準の経営理論』（2019年、ダイヤモンド社）の入山から紹介したいと思います。早稲田大学大学院経営管理研究科（ビジネススクール）の入山章栄《あきえ》教授が世界の経営理論を紹介した労作ですが、あまたの経営理論を紹介した後の最終章で、「経営理論とは人・あるいは人が織りなす組織が、普段から何をどう考え、どう意思決定し、どう行動するかを突き詰めたものにはならない。経営学とは人の考えを探求する分野なのだ」「そもそも人はどう考えるのかを突き詰めていただきたい」「経営理論を信じてはいけない。一流の経営者に共通していることは常に考え続けていることだ」と書いています。

大切なことは、人間そのもの、考え続けること。本書のメッセージでもあります。日本企業の復活を祈っています。

◇

朝日新聞記者時代に取材に応じていただいた皆さん、朝日新聞社で一緒に働いた皆さん、徳岡晃一郎理事長らライフシフト大学の皆さん、ＰＨＰエディターズ・グループの皆さんに深く感謝を申し上げます。

２０２４年１月吉日

長谷川智

〈著者略歴〉

**長谷川 智**（はせがわ・さとし）

1957年、静岡県磐田市生まれ。磐田南高校、早稲田大学政治経済学部政治学科を卒業。1980年、朝日新聞社に入社。新潟支局、浦和支局、経済部（東京本社）、『アエラ』で記者。新潟総局長、経済部長（東京本社）、編集局長（名古屋本社）など歴任。朝日新聞社で教育ビジネスを統括する教育総合本部の初代本部長を務める。

2009年11月から始まった編集局ツイッター、翌年元旦から始まった人気コーナー「しつもん！ドラえもん」の発案・初代責任者。2017年から、浜松支局員兼掛川支局長として郷里で記者を務める。

主な著書に『遠州考　やらまいかを探る』Ⅰ～Ⅲ、『宗一郎と喜一郎　ホンダとトヨタとニッポンの物語』『人間を考えるヒント　ダーウィン紹介者・丘浅次郎の知恵』（いずれも羽衣出版）、『本気の文章上達法を教えます』（セルバ出版）がある。

キャリアコンサルタント（国家資格）、受験メンタルトレーナー（一般財団法人日本能力開発推進協会資格）を保有。

2022年12月、「長谷川キャリア文章塾」（東京都中央区）を開講。

ホームページ　https://hasegawa-cwa.com
メールアドレス　hase@hasegawa-cwa.com

自分で考え、発言する力を養う
**ソーシャル・シンキング**

---

2024年3月8日　第1版第1刷発行

著　者　長谷川智
発　行　株式会社ＰＨＰエディターズ・グループ
〒135-0061　東京都江東区豊洲5-6-52
☎03-6204-2931
https://www.peg.co.jp/
印　刷
製　本　シナノ印刷株式会社

---

ISBN978-4-910739-46-5